1%의 반란

癌! 내가 마음먹기 나름이다

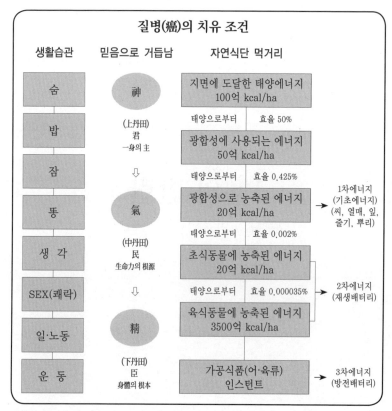

질병(癌)의 치유 조건

생활습관	믿음으로 거듭남	자연식단 먹거리	
숨	神	지면에 도달한 태양에너지 100억 kcal/ha	
	(上丹田) 君 一身의 主	태양으로부터 / 효율 50%	
밥		광합성에 사용되는 에너지 50억 kcal/ha	
잠	⇩	태양으로부터 / 효율 0.425%	
똥	氣	광합성으로 농축된 에너지 20억 kcal/ha	1차에너지 (기초에너지) (씨, 열매, 잎, 줄기, 뿌리)
생각	(中丹田) 民 生命力의 根源	태양으로부터 / 효율 0.002%	
SEX(쾌락)	⇩	초식동물에 농축된 에너지 20억 kcal/ha	2차에너지 (재생배터리)
일·노동	精	태양으로부터 / 효율 0.000035%	
		육식동물에 농축된 에너지 3500억 kcal/ha	
운동	(下丹田) 臣 身體의 根本	가공식품(어·육류) 인스턴트	3차에너지 (방전배터리)

1. 동물 : 숨 ⇒ 밥 ⇒ 잠 ⇒ 똥 ⇒ SEX(번식)
   인간 : 숨 ⇒ 밥 ⇒ 잠 ⇒ 똥 ⇒ SEX(번식, 쾌락) ⇒ 생각 ⇒ 일(노동) ⇒ 운동
   (사람은 태어나면서부터 죽을 때까지 반복되는 과정에서 인체 내에 독소가 쌓여 균형이 깨어 질 때 질병이 발생한다.)

2. 완전 건강이란?
   精 = 氣 = 神의 균형이 유지될 때 건강한 삶
   精 氣 神 〉毒(邪氣) = 健康
   精 氣 神 〈 毒(邪氣) = 疾病
 • 건강한 사람은 기초에너지와 2차 에너지, 3차 에너지를 치아의 구조 비율(5:2:1)로 음식을 먹는다.
 • 환자는 기초에너지(1차 에너지)만 먹는다.

긍정적 삶으로 '거듭남'

사·감·고·기·행 — 숨·밥·잠·똥
(암 치유의 대자연 — 햇빛, 공기, 물, 흙, 숲, 먹—거리)

햇빛과 공기에
'사랑'합니다.
물과 숲에 '감사'합니다.
흙과 먹거리에
'고맙'습니다.
나는 '기쁘고'
'행복'합니다!

소리를 내거나 마음속으로 '꼭' 말하세요!!!

사랑합니다, 감사합니다,
고맙습니다, 기쁘고, 행복합니다!!!

CONTENTS

서문

약사라는 전문 직종에 평생을 몸 바쳐온 내가 늦깎이로 하나님을 영접한 후 돈을 우상으로 여기던 세상에서 약국을 하며 하나님께 많은 죄를 지었음을 회개하며 이제는 잘못된 허물에서 벗어나 하나님의 은혜·긍휼·평강을 사명으로 받아 은혜로운 단비약국을 열기로 마음먹었다. 쉽지 않은 결정이었지만 기도를 하면 할수록 하나님이 주신 마음이 더욱 강렬해져 왔다. 출애굽기에서 하나님을 위한 성막을 짓기로 결심한 모세처럼, '마음이 지혜로운 자'는 여호와께서 명령하신 것을 다 만들라고 하신 말씀에 따라 마음에 지혜를 주셔서 나의 지혜는 내 것이 아니라 하나님의 은혜로 받은 것이니 약사의 재능을 세상에 대가 없이 기부하기로 한 것이다.

하나님이 창조하신 자연의 산속에 살면서도 나는 하나님을 알지 못한 채 육신이 원하는 대로 지난 10여 년 동안 대가성을 받고 癌환자를 치유하면서 생활해 왔다. 그러다 늦게나마 하나님을 만나고 하나님의 말씀이 바로 치유의 근본인 마음의학의 뿌리라는 사실을 깨닫고, 이 진리를 세상에 널리 알리기 위해 남은 여생을 병으로 고통받는 이웃들에게 봉사하라는 하나님의 말씀에 순종하기로 결심하였다.

나는 지난 세월 사람 사는 세상에서 조제 잘하는 유명 약국을 경영하면서 남부럽지 않은 생활을 해 왔다. 하지만 이제 나는 병·의원이나 약국 하나 없는 이곳 불모지에서 봉사하는 약국을 개설하여 하나님이 주신 마지막 사명을 감사한 마음으로 감당하고자 한다. 이를 통해 내가 가진 의약학 전문지식과 지혜를 세상 사람들에게 전하고 나누고 싶은 마음 간절하다. 나에게는 4차 산업뿐 아니라 눈에 보이지 않는 믿음의 산업에 해당하는 소중한 자산이 있다. 물론 이들은 모두 하나님의 은혜로 주신 대가성이 없는 공짜이니, 눈이 멀어 못 보는 세상 사람들에게 밝혀 보이라는 마음을 주셨다. 이처럼 늘 은혜만 주시는 하나님은 내게 명령도 하신다. 그것도 강력히….

이 책의 소제목이기도 한 '癌, 내가 마음먹기 나름이다'라는 말은 쉽지만 실천하기란 참으로 힘들다. 왜냐하면 마음먹은 것을 나 스스로 행동으로 보여주어야 하는데, 여기에 무슨 규칙이 있는 것도 아니고 적당한 지침서도 없다. 그렇다고 눈에 보이는 것도 아니니 필자인 나 자신도 환자들에게 늘 강조하면서도 제대로 설명할 수 없어 깊이 고민에 빠진 적이 있다. 그렇다고 그냥 넘어갈 수는 없는 일이었다. 癌을 치유하려면 무엇보다 癌환자 스스로가 명예와 권력, 학식, 재산 등 가진 것을 모두 다 내려놓고, '나는 아무것도 가진 게 없고 이 세상에 오직 나 하나뿐'이라는 생각을 가져야 한다. 그리하여 일상생활의 습관에서 완전히 벗어나 숨 잘 쉬고, 밥 잘 먹고, 잠 잘 자고, 똥 잘 싸는 동물적 삶을 살자는 각오를 새롭게 하여 아무도 없는 깊은 산속에 들어와 땅에 엎드려 통곡하며 진실한 회개와 구원의 기도를 하면 자연의 소리를 들을 수 있게 된다. 나는 그동안 나를 찾아온 환자들에게 "자연의 소리를 듣는 사람이면 틀림없이 癌을 치유할 수 있다."고 강조한 바 있다.

> 내 이름을 경외하는 너희에게는 공의로운 해가 떠올라서 치료하는 광선을 비추리니 너희가 나가서 외양간에서 나온 송아지 같이 뛰리라. (말라기 4장 2절)

해설: 공의로운 해가 떠올라서는 그리스도가 오실 것을 가리킨다. 태양이 만물을 살리는 것처럼 그리스도가 만민을 구원하신다. 그리스도의 구원운동을 '치료하는 광선'이라고 하였다. '치료'는 구원을 뜻한다. 외양간에서 나온 송아지 같이 뛰리라는 신자들이 구원의 즐거움으로 인하여 극도로 기뻐할 것을 비유한 것이다.

나는 이러한 믿음으로 약국을 포함한 나의 모든 것을 청산하고 산속으로 들어가기로 결심하여 준비하고 있으려니 자식들은 물론 지인들이 내가 정신이 나간 것 아니냐고 걱정들 하였다. 나는 이런 비판의 목소리를 들으며 경기도 가평의 북배산 깊은 골짜기에 '숨·밥·잠·똥'을 기치로 '정암산방(丁巖山房)'을 짓고 癌환자와 생활을 시작하였다. 하지만 지금까지 10여 년을 그들과 함께 보냈는데도 내게 남은 것은 오직 이곳을 다녀간 癌환자의 신상 기록뿐이다. 내가 하나님을 알지 못했기 때문이다. 그분들을 다시 만난다면 꼭 하고 싶은 말이 있다. 자연의 소리가 곧 하나님의 말씀이라는 것을…. 이러한 진리를 깨닫지 못한 채 癌환자에게 마음만 먹으면 癌은 치유될 수 있다는 말만 강조하였다. 늦게나마 하나님께서 내게 이런 지혜를 주시니 감사할 따름이다. 나이는 먹었어도 마음만은 십 년 전이나 지금이나 변함이 없다.

　요즈음 나의 기도 제목은 '癌, 내가 마음먹기 나름이다'(잠언 4장 23절 모든 지킬 만한 것 중에 더욱 네 마음을 지키라 생명의 근원이 이에서 남이니라)라는 말의 의미를 癌환자뿐 아니라 모든 사람에게 일깨워 줄 능력과 기회를 달라는 것이다. 그 의미는 하나님의 말씀인 성경에서 해답을 찾을 수 있다. 성경은 읽기만 해서는 깊고 깊은 하나님의 뜻을 다 깨닫기 어려우니 그 깊이가 일곱 겹을 벗겨봐야 알 수 있다. 성경은 눈으로만 읽지 말고 곱씹고 곱씹어서 마음으로 읽고 말씀대로 실행해야 한다. 하나님의 말씀을 읽고 또 읽으면 그 말씀이 곧 하나님의 마음이라는 것을 알게 된다. 하나님은 우리들에게 지혜와 총명과 지식을 주신다. 로마서 12장 2절에서 말씀하셨듯이 '너희는 이 세대를 본받지 말고 오직 마음을 새롭게 함으로 변화를 받아 하나님의 뜻이 무엇인지 분별하도록 하라' 즉 회개하고 거듭남으로 '癌, 내가 마음먹기 나름이다'라는 믿음을 가지면 하나님의 도우심을 믿는 믿음과 그 은혜를 깨달을 수 있다.

북배산에서,
한정수

추/천/서

태초에 하나님이 천지를 창조하시니라(창세기 1장 1절)

여기에 시작과 끝이 있고 삶에 대한 답이 모두 있음을 깨닫기에 하나님을 경외하는 마음이 절로 우러납니다. 인간이 하나님을 알고 깨닫고 순종해서 살아가는 삶이 종교적인 행위가 아니라 삶 자체가 됨을 온몸으로 느낍니다.

그렇게 거대하신 하나님이시면서도 그렇게 낮은 자세로 세세하게 우리를 살피시는 분 앞에 겸손의 본이 따로 없음을 그저 부끄러운 눈으로 바라봅니다.

여기 그런 하나님을 인생의 후반부에나마 깊이 깨닫고 겸손과 온유의 본을 따라 다소곳이 서 있는 한 분이 있습니다. 그 사랑이 감격해서 늦음이 늦음이 아닌 빠른 발걸음으로 진정한 삶이 무엇인지 보여주는 그분 앞에 저도 또한 몸 둘 바 모르는 마음으로 이 귀한 책에 추천서를 씁니다.

이 책은 단순히 지식을 전달하는 책이 아니라 오랫동안 고통이라는 짐을 안고 사는 수많은 사람들을 품에 안고 어루만져온 삶이 투영된 현장의 삶이 뚝뚝 묻어 나오는 그야말로 진실한 책이라 할 수 있습니다.

인간에게 여러 가지 질병이 있지만 그중에서도 육체적으로뿐만 아니라 심리적으로도 커다란 재앙과 같은 암(癌)이라는 질병을 마주 대하면서 결국은 겸손의 끝에 하나님이 있음을 노고(老苦)의 한 필체 한 필체의 펜 끝에서 절절히 느껴집니다.

자기의 지식을 나타내고자 애씀이 드러난 책이 아닌 어떠하든지 늦음에 만난 하나님의 그 큰 사랑을 모두가 알고 받기를 바라는 간절한 마음이 곳곳에서 안타까움으로 다가옵니다.

안타까움을 글로써만 나타내지 않고 늦음을 개의치 않고 젊은 사람보다 더 열정적인 투지로 주님의 명령을 실천하기 위해 "단비약국"을 개설하시고 삶의 현장에 뛰어든 것은 단순히 인간적인 욕심이 아닌 사랑이 절절히 묻어나는 성령의 사람만이 할 수 있는 의지라고 보여집니다.

인생의 후반부를 가장 멋지게 시작하는 한정수 선생님의 가을에 고운 단풍과 같이 아름다움이 계속될 수 있도록 모두가 같은 마음으로 주님의 도우심을 구한다면 오늘의 책이 더욱 빛날 것이라 여겨집니다.

끝으로 건강하시고 영원히 살아계신 하나님의 말씀이 온몸에 빛으로 나타나시길 기대하면서 추천서에 가름합니다.

2018년 11월 19일
SI벡터의학회 회장 성임 박 재 홍

추/천/서

    유럽에서 주로 병원을 세운 곳은 교회였다고 합니다. 병자와 고통받은 사람들에 대한 동정심에서 뭔가를 해야 된다고 생각했던 사람도 다름 아닌 기독교인들이었습니다. 교회에서 병자에 대한 간호를 시작함으로써 어떤 면에서는 의학을 도입하게 되었고, 교육 면에서 있어서도 기독교가 상당한 기여를 한 것도 사실입니다.

    한국에서도 1884년 9월 20일 의사이자 선교사인 알렌 선교사가 한국에 첫발을 내디딤으로써 복음이 전파되었고 현대적인 병원과 학교가 기독교로부터 시작된 것도 부인할 수 없는 사실입니다. 기독교는 치유의 종교이며 진리의 복음을 전하는 종교입니다.

    그 사명을 몸소 실천하고자 지난 시절 잘 나가던 유명약국도 그만두시고 산에 들어와 정암산방이라는 자연치유센터를 설립하여 봉사하시고 이전에 약국 하나 없던 시골에 단비약국을 개설하여 봉사하시는 한정수 약사님이 이번에 1프로의 반란이라는 4번째 책을 발간하셨습니다.

팔순을 바라보는 노약사분의 열정에 존경을 표합니다. 저 자신이 많이 부끄럽습니다. 현대 의학이 발달할수록 환자를 전인적인 인간으로 보지 못하고 질병만을 바라보고 교만하게 진료하였던 것을 반성하게 됩니다.

한의학에서도 인간을 소우주라고 여기고 인체의 생리현상을 자연현상으로 파악하고 있습니다. 인간은 자연의 산물이며 자연을 벗어나서는 살 수 없는 존재입니다. 다시 한번 자연(햇빛 공기 물 흙 숲 먹거리)의 소중함을 알게 해주는 귀중한 말씀 감사합니다.

환자들에게 가장 많이 듣는 말이 스트레스와 피곤이란 단어입니다. 주님께선(마태복음 11장 28절) '수고하고 무거운 짐 진 자들 다 내게로 오라'고 하셨습니다. 사람에 의지하고 지식에 의지하고 의학에만 의지한다고 질병이 낫지 않는다는 진리를 다시 한번 깨닫게 하는 좋은 말씀 감사합니다.

존경하는 한정수 촌장님. 사랑하고 감사하고 고맙습니다. 그리고 이 책을 읽게 되어 기쁘고 행복합니다. 현대의학, 자연의학,

마음의학의 삼각형의 균형이 잡힐 때 건강이 회복되는 진리를
알게 해주는 이 책을 많은 분들이 여러 번 읽기를 권합니다.

2018년 11월 22일

SI벡터한의학회 회장

유림미한의원 원장 이 충 원

추/천/서

모든 사람들의 소원은 항상 건강하고 행복한 삶을 원하지만 세상은 각종 질병으로 고통당하고 불행한 인생길로 향하고 있습니다.

현대인의 사고방식은 질병을 치료하는 방법으로 병의원에서 처방약을 먹든가, 주사를 맞든가, 수술을 받지 않으면 안 될 것으로 생각하고 있습니다. 그러나 현대의학을 발전시킨 서양 속담에 "병은 자연이 고쳐 주고 돈은 의사가 받는다."는 말을 명심해야 합니다.

현대의학의 부족함을 보완하기 위하여 나온 의학이 자연의학 또는 대체의학이라고 합니다. 대체의학은 음식과 영양, 운동, 생활습관으로부터 암, 당뇨, 혈압, 비만 등 현대의학에서 난치, 불치로 불리는 중증 질병들을 고치고 예방한다는 것입니다.

대체의학의 효과는 많은 논문과 임상사례로 증명되고 있습니다. 먹는 음식과 운동, 환경, 생활습관이 뼈와 근육, 세포는 물론 나쁜 유전인자까지도 바꾼다는 사실도 확인했습니다. 그래서 지금은 현대의학에서도 보완대체의학이라는 이름으로 앞 다투어 수용하고 있는 실정입니다. 그러나 아직도 제도적 한계 때문에 우리나라의 대체의학에 대한 연구와 임상은 초보적 수준입니다. 그러다 보니 여전히 과학이나 의학으로 설명이 되지 않는 추론이 난무하고 있는 실정입니다.

이러한 현실 속에서 새롭게 발간되는 '1%(51:49)의 반란, 암 내가 마음먹기 나름이다(한정수 저)'의 논리는 치료의 주체는 하나님이 완벽하게 창조한(창세기 1장) 인체의 자기치유력(면역력) 즉 환자 자신이라는 것입니다. 엄밀한 의미에서 치료의 주체는 환자 자신이 맞습니다. "마음의 즐거움은 양약이라도 심령의 근심이 뼈를 마르게 하느니라."(잠언 17장 22절) 수술이든, 화학적 약물치료든, 방사선치료든 어떤 첨단의술도 치료의 객체 즉 보조적일 뿐이다. 그러나 상업적 의료 제도의 어쩔 수 없는 한계로 치료의 주체와 객체가 뒤바뀐 경우를 흔히 보게 됩니다.

저자는 중앙대학교 약학대학을 졸업하고 성공한 약사로 활동하면서 20여 년간 자연의학을 공부하고 10여 년 전에 경기도 가평 북배산 산속에 SI자연치유센터를 설립하여 암환자들과 같이 생활하며 치유의 사역을 감당하고 있습니다. 2년 전에 하나님의 은혜로 예수님을 믿고 거듭난 저자는 하나님이 주신 지혜로 트라이앵글이론을 창안했습니다. 트라이앵글이론은 그 모양이 정삼각형을 이루어야 아름다운 소리를 낼 수 있듯이 암치유도 현대의학(병원치료), 자연의학(자연치유), 마음의학(거듭남)을 마음의학을 바탕으로 해서 "모든 지킬 만한 것 중에 더욱 네 마음을 지키라 생명의 근원이 이에서 남이니라."(잠언 4장 23절) 균형을 잘 이루어지면 모든 질병(암)들을 치유할 수 있다는 것입니다.

시중에 나와 있는 일부 대체의학 관련 책들은 이론은 고사하고 상식으로도 납득이 가지 않는 추론과 황당무계한 내용들로 꾸며진 경우를 봅니다. 이 같은 현실에서 이 책 1%의 반란, '암 내가 마음먹기 나름이다.'가 주목되고 있는 것은 한정수 약사의 트라이앵글이론 창안이 성경과 과학과 의학으로 설명이 되고 있다는 것입니다. 그리고 저자의 그동안 물질적 성공을 위한 약국경영을 회개하고 하나님의 사랑을 가슴에 품고 전인치유를(요한3서 2절) 사명으로 감당한다는 것입니다. 이런 점이 기존의 유사한 책들과 다른 점이고 독자들에게 기쁨으로 추천해 줄 수 있는 것입니다. 이 책 내용에 따라 꾸준히 실천하면 웬만한 병들은 저절로 고쳐지고 암과 같은 불치의 병들도 얼마든지 고칠 수 있을 것입니다.

저자의 논리가 성경말씀이 핵심을 이루지만 성경의 논리도 알고 보면 하나님이 선물로 주신 광의의 자연의학으로 볼 수 있습니다. 건강의 개념이 정신과 육체를 포괄하는 점에서 보면 성경적 논리는 오히려 유일한 치유 방법임을 확신합니다(히브리서 4장 12절). "1%의 반란"은 올바른 대체의학(자연의학) 정보를 제공하는 책이기에 독자들에게 반복해서 정독하고 적용하시길 간절히 부탁드립니다.

2018년 11월 23일
가평기독교연합 회장
가평제일침례교회 담임목사 송 홍 섭

한정수 약사의 트라이앵글
이론을 알리고자 한다

제1장 1%(51:49)의 반란

1. 1%의 반란이란?

사람은 1%가 많으면 정상인(건강)의 삶을 살고 1%가 적으면 비
정상인(질병)의 삶을 살게 된다고 한다. 단지 1% 차이로 癌환자가
되는 경우가 주위에서 너무나 많이 볼 수 있다. 그래서 '반란'이
라는 표현을 쓰고자 했다. 사람의 마음에 두 개의 화분이 있는바,
하나는 긍정적 마음을 담는 화분이고, 또 하나는 부정적 마음을
담는 화분이다. 매일 어느 화분에 물을 주느냐에 따라 '건강한 삶
으로 사느냐, 질병의 삶으로 사느냐'로 선택되어 진다. 당신은 어
느 화분에 물을 주고 있습니까? 물은 곧 생명수이다. 물이 없으
면 자연의 어느 것도 살 수 없다. 물은 세상 모든 물질을 만드는
기본 재료이다. 사람도 역시 자연의 한 부분이다.

여호와 하나님이 땅의 흙으로 사람을 지으시고 생기를 그 코에 불

어 넣으시니 생령이 되니라 (창세기 2장 7절)

여기서 '지으시고'는 육체는 흙으로(자연체질) 지으시고 영혼은 생기(성령)를 부으셔서 창조한 것이다. 이는 사람이 살아가는데 어느 한순간도 소홀히 해서는 안 될 절대적 필요조건이다. 1% 많고 적음에 따라 내 인생이 질병(癌)의 삶이냐, 건강한 삶이냐, 로 갈리게 되는데도 '나는 100% 건강한 삶이야, 癌은 나하고는 멀어'라고 자만에 빠져 있지나 않은가. 너무나 많은 사람들이 건강한 척하고 살고 있는 현실이 너무나 안타까워 경각심을 일깨우고 싶어 '1%(51:49)의 반란'이란 충격적인 말을 이 책의 제목으로 삼았다. 이 책은 약사로서 20여 년간 자연에 대한 공부를 하고 그것을 토대로 산속에서 10여 년 동안 癌환자들과 함께 생활하면서 체험한 경험과 자연을 창조하신 하나님의 말씀(성경)으로 건강한 삶을 사는 지혜를 전하고자 한다.

2. 1%의 삶이란?

앞에서도 말하였지만 악의 생각이 선의 생각을 누르고 사는 것 즉, 우리가 1%의 삶(악: 51%, 선: 49%)은 원초적인 죄로 비롯된 것이다.

우리 모두는 1% 많고 적음에 따라 내가 癌환자냐 아니냐 하는 벼랑 끝에 있음을 깨우쳐야 한다. 이런 반란은 바로 나에게서 온다. 주변에서 보고 듣는 현상 중에 1% 반란의 한 가지 예를 들어 보자. 건강을 자신하던 사람이 직장에서 정기 건강검진을 받고 그 결과를 통보받았는데 위장에 이상이 있는 것 같으니 정밀 검사를 하라고 했다. 검사 결과 위암이란 판정을 받아 졸지에 癌 환자가 된 것이다. 이제까지 건강만큼은 자신하던 사람이 1%로 인해 갑자기 癌환자로 돌변한 것이다. 이는 주변에서 흔히 볼 수 있는 일이다. 불과 2, 30년 전만 해도 우리는 이와 같은 반란은 모르고 살았다. 모르는 게 약이라고 생각하며 지냈다. 하지만 국민 소득이 높아지고 국민건강보험이 시행되고 국가가 건강검진을 의무적으로 독려하면서 현대의학은 혈액검사와 소변검사, 방사선, CT, MRI 등으로 몸을 샅샅이 뒤져 각종 성인병과 癌을 조기 발견하는 크나큰 성과를 빌미로 수많은 癌환자를 양산하고 있다. 요즘 세상에 각종 방송매체는 건강 프로그램에서 癌환자를 상대로 하는 상업성 프로그램이 난무하고 보험회사마다 癌보험 광고가 주류를 이루고 있어 전 국민을 癌의 공포로 확장 사업을 하는 세상이 되었다. 이런 현상을 꼭 나쁘게만 보는 것은 아니지만 과하면 부족함만 못하다는 말도 있지 않은가.

앞으로 마음 혁명에서 하나님 말씀에 근거를 둔 마음의학을 언급하겠지만, 지금부터는 나의 체험을 바탕으로 설명을 이어가고자 한다.

· 긍정적 마음(善): 순종, 믿음, 신념, 사랑, 감사, 고마움, 기쁨, 행복
· 부정적 마음(惡): 불순종, 교만, 공포, 불행, 절망, 분노, 두려움, 슬픔

　인간의 삶은 평생 두 축이 있어 상호 견제하고 억제하며 평형을 이루며 살아가도록 만들어졌다. 이는 창조주 하나님의 뜻이다. 두 축은 바로 긍정적 마음과 부정적 마음이다. 긍정적 마음은 면역력을, 부정적 마음은 질병을 낳게 하셨다.

　　마음이 즐거움은 양약이라도 심령의 근심은 뼈를 마르게 하느니라. (잠언 17장 22절)

　해설: 마음이 즐거워도 세상일로 인한 염려(스트레스)로 그 몸과 영혼이 다 함께 병약해진다는 것이다.

　처음에는 선천적인 생명의 에너지로 긍정적인 마음이 월등히 많아 부정적인 마음을 지배하고 살았지만 살아가면서 잘못된 생활습관과 식습관, 마음관리, 자연환경, 사회 환경에 따른 각종 스트레스로 인해 부정적인 생각이 많아지고 긍정적 마음이 적어져 (51:49) 부정적 마음이 지배하는 질병(嚙)이 생겨 하나님이 주신 자연 생명인 120세(창세기 6장 3절 참조)를 다 누리지 못한 채 흙으로 돌아가고 마는 것이다.(창세기 3장 19절 참조)
　성경 구절이 자주 언급되니 종교적으로 의아하거나 부정적

인 생각이 들 것 같아 먼저 그 이유를 설명하고자 한다. 현대 과학자들이 밝힌 연구에 의하면 癌은 나을 수 있다는 '신념'이 아주 중요하다. 신념은 곧 말씀으로서, 하나님의 존재를 양자물리학 이론에 입각하여 증명된바 몸과 마음은 생각과 하나로 연결되어 있다는 사실이다. 우리가 어떤 생각을 하느냐에 따라 체내에 분비되는 신경 전달물질과 호르몬이 달라지고, 이 화학적 메신저들은 혈액을 타고 불과 몇 초 만에 온몸으로 전해진다. 그러다 몸 전체 세포의 특정 수용체와 결합해 유전자의 단백질 합성에 관여하게 되고, 어떤 단백질이 활성화되느냐에 따라 몸의 기능은 변한다. 이것이 바로 생각이 몸의 실제가 되는 과정이다.

우리의 생각은 번개처럼 순식간에 몸을 변화시킨다. 즉 모든 생각은 자동적으로 생리적인 방식으로 전환되어 몸의 물리적 실체를 변화시키게 된다. 그래서 우리는 슬프면 눈물이 나고, 화가나면 얼굴이 붉어지면서 혈압이 오르고, 불안하면 몸이 떨리고, 신이 나면 웃음이 나고, 기쁘면 기운이 샘솟는 감정의 물리적 변화를 경험하게 된다. 사랑, 감사, 고마움, 기쁨, 행복이라는 긍정적인 감정은 면역계를 강화하는 생리작용을 낳는다. 반면에 공포, 불행, 절망, 분노, 두려움 등의 부정적인 감정은 면역계를 무력화시키는 생리 작용을 한다. 감정이 일으키는 생리학적 변화가 결국 癌을 극복할 것인지 아닌지를 좌우하는 셈이다. 마음은 발병의 근원적인 뿌리이자 치유의 뿌리라 할 수 있다. 마음의 생리작용을 약이 되게 할 것인지, 독이 되게 할 것인지는 온전히 자신에게 달려 있다. 두려움, 슬픔, 절망, 분노, 불만, 의심, 질투, 무력감 등 부정적인 생각은 면역력(NK세포, 암세포 공격)을 무력화시키고 우리를 병들게 한다.

나는 마음이 만드는 그 신통한 치유 작용을 癌을 극복한 환자들을 생생히 지켜보았다. 긍정적인 마음을 가진 환자는 무한한 치유력을 가지게 되고 기쁨, 희망, 믿음, 사랑, 감사, 용서와 같은 긍정적인 생각을 주로 가진 사람은 체내에서 도파민과 엔도르핀, 세로토닌과 같은 신경전달물질과 호르몬이 만들어져 온몸에 전해지고 면역계의 중심인 백혈구를 강화하는 생리적 변화를 낳게 되었다. 백혈구 가운데서도 특히 병원균과 바이러스를 없애는 T임파구와 B임파구, 그리고 癌세포와 바이러스에 감염된 세포를 없애는 NK세포(자연 살해세포) 등을 강화하게 된다. 뿐만 아니라 긍정적인 감정은 면역세포를 활성화하는 인터페론의 생성을 촉진시키는 생리 변화를 일으킨다. 긍정적인 마음이 바로 실제 면역체를 강화하는 몸의 변화를 낳는다는 말이다.

癌환자들은 크게 세 부류, 즉 '부정적인 생각으로 癌치유를 포기한 환자(癌세포가 좋아하는 행동만 하는 자)' 두려움으로 방황하는 환자(남의 말만 듣고 기적을 바라는 자)'와 '낫는다는 긍정적인 생각을 갖고 노력하는 환자(癌세포가 싫어하는 행동만 하는 자)'로 나눌 수 있다. 그 가운데 낫는다는 희망을 갖고 癌세포와 싸우기 위해 노력하는 환자의 혈액에 면역계의 중심인 백혈구가 더 많은 것으로 나타난다. 자연 치유된 사람들에게 공통적으로 나타나는 요인은 치료하는 데 어떠한 방법을 쓰느냐가 아니라 '나을 수 있다'는 신념(믿음)이 얼마나 강하냐에 달려 있다. 의학의 도움 없이 癌을 자연치유한 환자들은 자신이 살아날 수 있다는 확고한 믿음을 가진 사람들이다. 반드시 낫는다는 '믿음'이 가장 중요하다는 말이다. 설령 병원에서 '불치' 혹은 '죽음'을 선고받았더라도 낫는다는 '믿음'이 있으면 자신의 병과 삶을 긍정적으로 보게 되고, 이 긍정적인 감정은 당연히 癌치유를 촉진하는 생리작용을 낳게 되고, 더 나아가 식이요법이나 대체요법과 같은 자신이 신뢰할 만한 치료법을 찾아내게 되는 것이다.

이처럼 긍정적인 마음에서 빼놓을 수 없는 '믿음'은 환자들에게 더없이 중요한 치유의 요인이 된다. 어떠한 절망적인 상황에서도 낫는다는 '믿음'만 있으면 그 확신만으로도 癌치유를 유도하게 된다. 치유와 건강의 열쇠는 바로 마음에 있으며, 부정적인 감정을 밀어내고 믿음과 사랑, 감사, 고마움, 행복과 같은 긍정적인 감정을 되찾으면 자연스럽게 몸 안에서 癌 치유작용이 일어난다.

3. 癌치유는 내가 마음먹기 나름이다.

예수께서 백부장에게 이르시되 가라 네 믿은 대로 될지어다 하시니 그 즉시 하인이 나으니라. (마태복음 8장 13절)

해설: 네 믿은 대로 될지어다는 영육이 아울러 구원받는 길은 믿음뿐이라는 구원론의 핵심이 되는 말씀이다.

이를 뒷받침하는 근거로서 양자물리학 이론을 살펴보자. 양자물리학은 20세기 초에 등장하였으며, 이 학문의 진정한 가치는 생각의 힘을 밝혀낸 데 있다. 이 분야의 학자들은 인체를 비롯해 모든 물질을 구성하는 원자나 전자, 빛과 같은 자연계의 구성인자들을 연구해 그 안에서 일어나는 현상을 발견하였다.

우주는 양자로 가득 채워져 서로 연결되어 있고, 이것을 변화시키는 것은 결국 인간의 '마음'이다. 우리의 생각 에너지는 자신과 우주를 구성하는 양자에 영향을 미치고 곧 현실화하는 동력이 된다. 물질을 만드는 것이 곧 인간의 '마음'이라는 말이다. 이것이 우리의 세계관을 바꾼 양자물리학의 핵심이다. 그래서 필자는 앞에서도 언급했듯이 **'癌치유는 내가 마음먹기 나름이다'**라는 말을 강조하고 싶은 것이다. 나를 치료해 줄 진짜 명의는 바로 '나'다. 나 자신이 질병의 근원이자 치유의 근원이다. 내가 어떤 마음을 먹고 어떠한 삶을 사느냐에 따라 발병을 부추기기도 하고 치유를 촉진하기도 한다. 따라서 진정한 癌치유와 건강은 바로 나 자신에게 달려 있다는 사실을 분명히 인식해야 한다. 이것이 바로 癌치유로 향하는 첫걸음이다. 그러나 많은 사람들은 癌을 치료하는 일이 현대의학의 의료전문가들만의 한정된 일이라고 생각하는데 문제가 있다. 자신의 건강을 무조건 남에게 맡기는 경우가 많은데, 이것은 건강에 대한 주체성을 타인에게 넘기고 스스로 무력해지는 결과를 낳게 된다. 우리는 병원에만 의존하는 태도를 가짐으로 의학의 한계 앞에서 번번이 좌절을 겪기도 한다. 현대의학으로 고치지 못하는 병이 얼마나 많은가. 완치는 기대할 수 없이 증상만 완화시키며 생명의 연장으로 살아야 하는 癌환자들은 또 얼마나 많은가. 癌환자의 주체성과 적극성은 치유력과 직결된다.

이 사실은 임상연구를 통해 증명된 바 있다. 존스 홉킨스 의대 연구팀은 "환자의 독립성, 낙천성, 신뢰감이 높을수록 치료가 빠르고, 환자의 몸은 의사의 신념보다 환자 자신의 신념에 더 직접적으로 반응한다."는 사실을 밝혀냈다. 자신에게 내재된 강한 치유력을 스스로 성장시킬 수 있다고 생각하면 긍정적인 감정이 만드는 생리 작용으로 인해 면역력은 무한대로 강화되며, 현대의학의 예상을 깨고 기적적으로 이겨낸 환자들은 대부분 '불치(不治)'라는 진단에도 굴하지 않는 치유에 대한 '믿음'과 주체성에 기인한다는 사실을 알게 된 것이다.

대부분의 환자들은 癌을 두려워하는 마음을 가진다. '난치' 혹은 '불치'라는 진단에 휘둘려 절망과 불안감을 키우는 경우가 많다. 아니면 '병세가 더 심해지는 건 아닐까?' 하는 부정적인 생각에 갇혀 있기도 한다. 문제는 이러한 공포감이 병을 부추기는 생리작용을 낳는 데 있으며, 질병에 대한 두려움이 병을 만든다는 것이다. 우리의 생각과 감정은 인체의 생화학 작용을 통해 몸 전반에 바로 영향을 미치기 때문이다. 다시 말하면 우리는 두려움, 공포, 절망 등의 부정적인 생각은 노르아드레날린, 아드레날린, 코르티솔 등의 스트레스 호르몬과 신경전달 물질을 분비하여 혈관수축, 혈압상승, 에너지 고갈 등의 생리작용을 낳고 이는 결국 면역기능을 저하시킨다. 심하게 놀라거나 공포감을 느낄 때 온몸이 긴장해서 굳어지고 뒷목이 뻣뻣해지며 눈앞이 아득해진 경험이 누구에게나 있을 것이다. 이런 변화가 모두 두려운 '마음'이 일으키는 생리적 변화로 나타나는 현상이다. 무언가에 대한 두려움이 바로 면역력을 저하시켜 질병을 더욱 부추기게 된다. 그래서 의학자들은 질병보다 질병에 대한 공포감이 병을 더 키울 수 있다고 경고하는 것이다. 질병이 아니라도 우리는 일상 속에서 적지 않은 두려움을 가지고 있다. 우리는 사람에 대한 두려움, 실패에 대한 두려움 등 만성적인 걱정에 사로잡혀 사는 경우가 많은데, 이러한 두려운 감정을 품고 산다면 심신의 스트레스로 면역기능을 무력화시키는 결과를 낳게 된다. 실제로 많은 사람들이 미래를 앞당겨 걱정을 한다. 아직 일어나지도 않은 일을 미리 부정적으로 예측해서 스스로를 괴롭히는 것이다.

양자 물리학의 관점에서 보면 걱정은 걱정하는 그 일을 현실화하는 결과를 낳는다고 한다. 자신이 현재 집중하는 생각이 바로 현실이 되는 에너지이기 때문이다. 병과 삶에 대한 두려움을 밀어내기 위해서는 자신의 잠재력을 믿고 걱정거리가 해소된 즐거운 모습을 상상하면서 '지금, 이 순간'을 충실히 살아야 하는 것이다. 긍정적인 상상은 믿음을 강화하는 초강력 도구가 된다. '반 드시 낫는다'라는 믿음은 그 자체로 이미 강력한 癌치유의 에너 지가 된다. 믿음은 두려움을 밀어내고 심신의 긴장을 이완시키 며 생리적 안정을 불러오게 되고 몸의 생화학 변화를 통해 면역 력을 강화하는 동력이 된다. 종교를 통해 믿음을 키우는 것도 좋 은 방법이다. 특히 기독교에만 있는 "거듭남"은 마음의학의 핵심 인 믿음이다.

> 예수께서 대답하여 이르시되 진실로 진실로 네게 이르노니 사람
> 이 거듭나지 아니하면 하나님의 나라를 볼 수 없느니라. (요한복음 3
> 장 3절)

그러나 치료가 안 되는 癌환자들은 의식적이든 무의식적이든 더 높은 차원의 힘(하나님)이 존재함을 부정하는 사람들이라고 한 다. 즉 무한한 가능성을 부정하는 사람들, 癌치유의 가능성을 믿 지 않는 환자들이 결국은 더 나은 현실과 癌치유를 이룰 수 없다 는 말이다. 자신이 나을 것이라고 굳게 믿으면 어떤 상황에서도 癌치유의 문이 열리게 된다. 치유, 건강, 성공, 행복에서 필수적 으로 요구되는 것은 '긍정적인 마음'이다. 그러나 '긍정적인 마음' 이 좋다는 것을 알면서도 '부정적인 마음'으로 기우는 경우가 많 다. 특히 건강을 잃은 사람들은 부정적인 감정을 껴안고 사는 경 우가 흔히 있다. 두려움, 분노, 걱정, 의심, 불만 등 스스로 부정

적 감정에 갇혀 심신의 건강을 무너뜨리고 있는 것이다. 양자물리학의 관점에서 보면 지금 부정적인 현실을 만든 것은 바로 자신이 부정적인 생각에서 비롯되었다고 볼 수 있다. 불안한 생각에 젖어 더욱 불안한 현실을 만들고 불안에 가득 찬 생각으로 인해 더욱 불만족스런 현실을 만드는 것이다. '생각'은 현실을 만드는 에너지이다. 자신의 생각을 긍정적으로 바꾸는 것이 치유는 물론 긍정적인 미래를 만드는 길이 된다. 삶에서 갖게 되는 부정적인 감정을 잘 다스리고 모든 것을 긍정적으로 바라보는 것이 치유와 건강의 원동력이다. 양자물리학에서 말하듯 우리의 생각 에너지는 집중할수록 강력한 힘이 솟아난다.

그러면 과연 癌을 치료할 수 있는가? '내가 마음먹기 나름이다'가 그 답이다. 어떤 이는 '그런 무책임한 말이 어디 있는가?'라고 의아해할 것이다. 무책임한 말이 분명하다. 癌치료는 무책임하다. 그 책임은 오직 나 자신만이 질 수 있기 때문이다. 내가 저지른 것을 내 안에서 찾아야 하는데 밖에서 찾으려 하는 데 문제가 있다. 필자가 지난 10여 년 동안 癌으로 고생하시는 분들과 지내보니 대부분이 이 말의 뜻을 알려고도 하지 않았다. 그들은 오직 무엇을 먹으면 나을까, 어디를 가면 좋을까 하면서 귀는 엷어져 남의 말만 듣고 기적만 바라는 마음을 가지기만 할 뿐 하나님의 피조물인 자신을 돌아보고 반성하고 회계하는 긍정적인 마음을 가지려 하지 않았다. 癌세포는 마귀와도 같아 부정적인 마음이나 행동을 가장 좋아하니 내 몸속의 면역세포는 힘도 못 쓰고

1%(51:49)의 반란을 회복하기란 점점 더 어려워진다는 사실(내 몸 세포 60조 개 중에 31:29로 암세포가 더 많음)을 깨닫지 못하였다.

　그러던 중 나에게도 병이 찾아왔다. 환자들을 돌보며 애를 태우다 이제는 내가 속이 터진 것이다. 평소에 없던 혈압, 당뇨, 심근경색, 협심증이 생겼다. 내가 만든 병이니 내가 책임을 져야 했다. 2016년 12월 말경 급기야 서울아산병원에서 내 생애 처음으로 시술대에 올라가 치료를 받았다. 다행히도 심장 박사 ○○ 교수님으로부터 시술을 받고 지금은 잘 지내고 있다. 그 과정을 말하자면 이렇다. 교회에서 수요예배를 드리고 나서 집에 와 컴퓨터에 앉는 순간 나에게 서울아산병원의 ○○ 교수를 찾아가라는 마음이 생기는 것이다. '아! 이것이 하나님의 뜻인가' 싶기도 했지만 설마 한 달도 안 된 새신자인 나에게 그럴 수 있을까 생각하며 인터넷으로 검색해서 예약을 하고 병원에 갔더니 교수님이 어떻게 왔느냐는 물음에 하나님께서 ○○ 교수님을 찾아가라 해서 왔다고 대답했다. 팔십 세에 가까워진 나를 보고 직접 컴퓨터로 예약을 하고 그것도 하나님 말씀으로 왔다고 하니까 교수님과 간호사는 의아해하였다. 혹 고위층 사람 아닌가 하는 눈치였다. "맞아요. 높은 하늘에서 보냈으니까, 고위층이죠." 그래서인지 모든 게 속전속결로 이루어졌다. 내 병을 나 스스로가 책임진 것이다.

4. 치료와 치유

이제 '치료'와 '치유'의 개념을 설명하고자 한다. 대부분의 사람들은 치료와 치유의 의미를 대수롭지 않게 동일시한다. 癌을 치료하는데 뭐 그렇게 따지냐고들 하지만 이건 아주 중요하다. 책임의 소재가 여기서부터 발생하기 때문이다. '치료'와 '치유'의 의미를 설명하기 전에 의료보험제도에 대해 언급하고자 한다. 우리나라처럼 의료보험 제도가 잘된 나라는 없다고 한다. 특히 癌환자에게는 더욱 국가의료보험 제도로부터 큰 혜택을 받고 있는 것이 사실이다. 미국이나 유럽에서는 보험금을 많이 내면 많은 혜택을 받지만 우리나라는 많이 내나 적게 내나 보험 혜택은 똑같다. 적게 내는 사람은 많이 내는 사람의 도움을 받고 많이 내는 사람은 적게 내는 사람에게 도움을 주는 우리나라의 유일한 보험제도이다. 최초로 교회 단체가 설립한 장기려 박사의 청십자 의료보험조합은 사랑으로 가득 찬 사회를 만드는 데 목적을 둔 의료보험제도로서 하나님 말씀대로 공평한 사랑 나눔이 아닐까 한다. 나는 약사로서 전문 직종에 종사하다 보니 정부의 국민의료보험 시행 발표에 적극적으로 반대하고 데모도 했었는데 돌이켜보면 이는 모두가 욕심 때문이었다. 하나님의 공평한 사랑의 말씀을 깨달은 후로는 이를 부끄럽게 생각하고 있다.

'치료'와 '치유'는 영어로 'Treatment'와 'Healing'으로 표현한다. 우리에게 익숙한 단어들이다.

* **치료**(治療)는 상처나 질병을 낫게 하는 뜻이다. 이에는 물리치료, 약물치료, 화학치료, 웃음 치료 등이 있다.
* **치유**(治癒)는 심리적인 안정감을 주는 것, 또는 그것을 주는 능력을 가진 존재의 속성이다. 치료와 비슷한 의미로서 병을 치료한다는 뜻도 있으나, 심리적으로 안정감을 준다는 의미를 포괄한다.

백과사전에 나와 있는 말이다. 이처럼 서로의 의미가 확연히 다르다. 여기서 주목할 것은 치료와 치유를 누가 어떻게 하느냐 하는 행위의 문제이다. '사람이 할 수 있는 일인가, 아니면 사람이 할 수 없는 일인가.'로 구분되어져야 한다. 현대의학은 사람이 하는 일로서 근본적으로 한계가 있고 대가성에 의한 치료의 의미를 가지며 또 책임이 따른다. 하지만 '자연의학과 마음의학'은 현대의학의 한계를 초월하는 자연(햇빛, 공기, 물, 흙, 숲, 자연 먹거리)에 의한 대가성이 없는 치유의 의미를 가지고 있으며 책임이 따르지 않는다. 다시 말하면 '치료는 대가성이 반드시 따르고 치유는 공짜로서 대가성이 없다'는 말이다.

'내가 마음먹기 나름'이라는 말이 그리 쉬운 것은 아니다. 癌으로 고생하는 분들이 죽음의 벼랑 끝에 있으면서도 통 알아듣지 못하는 것이 안타까울 뿐이다. 내 눈에는 보이는데 그들은 못 보니 난 눈물밖에 나지 않는다. 이 책의 제목인 '**1%(51:49)의 반란**'은 필자가 환자들에게 늘 주장해 온 말인 즉, 그 깊은 뜻이 바로 이것이다. 치유의 사전적인 의미는 '<u>심리적인 안정감을 주는 능</u>

력을 가진 존재의 속성'으로서, 이는 사람으로서는 할 수 없는 일이다. 그러면 무엇이 그렇게 할 수 있는가. 그것은 바로 시공간을 초월해 어디에도 계시는 내 몸 안에 계시는 하나님이시다. 오직 창조주 하나님만이 할 수 있다는 것이다. 세상에 하나밖에 없는 '나'라는 피조물을 만드신 하나님만이 어떤 질병이든 치유를 할 수 있다.

그가 네 모든 죄악을 사하시며 네 모든 병을 고치시며 (시편 103편 3절)

해설: 이것은 육신의 병을 고쳐주심을 가리킨다고 할 수 있으나 어떤 고통거리나 환란을 없애 주심을 가리킨다.

왜냐하면 하나님이 나를 만들었으니까. 치료는 사람이 하는 것으로 대가성이 꼭 따르지만, 치유는 사람이 할 수 없고 대가성이 전혀 없는 공짜임에도 이에 관심조차 가지려 하지 않은 채 엄청난 대가를 치러야 하는 현대 의학적 치료에만 의존하는 현실을 보면 안타깝기 그지없다. 현대 의학적 치료를 부정하는 것은 절대 아니다. 꼭 필요한 것이다. 저는 환자들에게 누차 말해왔지만 현대의학, 자연의학, 마음의학 어느 것 하나 소홀히 해서는 안 된다고 생각한다.

그 이유는 癌치료와 치유의 '**트라이앵글 이론**'에서 자세히 설명하기로 하고, 여기서는 내 몸의 구조에 대해 먼저 말씀드린다. 사람의 몸은 60조 개의 세포로 이루어진 유기체이다. 창조주 하나님의 피조물인 인간의 육신은 흙으로 빚어졌고 형상은 하나님을 닮은 '나'라는 유일한 존재다. 세포가 건강해야 나의 몸이 건강해진다. 60조 개의 세포가 인체 내의 모든 조직과 기관을 형성하고 있기 때문에 건강한 몸은 건강한 세포를 바탕으로 만들어진다. 따라서 세포의 건강이 인체의 건강을 의미한다. 癌을 비롯한 모든 질병이 세포의 파괴, 변성, 기능부전으로 발생하게 되므로 잘못된 식생활과 생활습관, 또는 잘못된 마음가짐으로 인한 몸의 산성화는 세포의 기능을 저하시켜 인체의 조직과 기관이 제 기능을 하지 못하여 각종 질병에 걸리게 되는 것이다.

5. 창조론과 진화론

필자는 20여 년간 자연에 관심을 갖고 공부하면서 진화론보다는 창조론을 늘 주장해 왔다. 창조론이 이해하기 편안했기 때문이기도 하다. 무신론자면서도 자연은 하나님이 창조했다고 근거도 없이 말해 왔던 것도 사실이다. 그러나 나는 이제 자연은 창조자의 힘이요 대가성이 없는 절대적 존재라는 사실을 믿게 되었고, 이 순간도 믿음에는 변함이 없다. 더욱이 교회를 다니고 성경 공부를 하면서 자연이 곧 하나님이라는 사실을 깨달았다. 이는 내가 늘 癌환자에게 강조해 왔던 '트라이앵글 이론'을 입증하는데 결정적인 증거가 되었고 자신감의 원천이 되었다. 더 나아가 자연을 공부하면서 양자, 전자, 입자, 파동, 원자, 분자, 핵, DNA 등 양자물리학에서 우주의 최소단위는 '쿼크(quark)'라는 사실을 알게 되었다. 또한 인간의 최소 단위인 '세포(cell)와 비교하면서 내 몸의 세포가 얼마나 중요한지, 그리고 내 몸 60조 개의 세포 중 1%의 많고 적음에 따라 癌환자가 될 수 있다 없다는 엄연한 사실을 알게 된 것이다. 이는 주식회사도 51%가 49%를 지배하는 논리와 흡사하다.

癌치료·치유 '**트라이앵글 이론**'은 현대의학, 자연의학, 마음의학 중 어느 한 가지도 치우치거나 소홀히 해서는 안 된다는 의미를 가진다. 형이하학적인 현대의학, 자연의학의 기본원리는 찾았지만 형이상학에 해당하는 마음의학은 그 원리를 수년 동안 찾아 헤매던 중 성경 말씀에 그 실체가 있음을 알게 되었다. 교회에 가고 종교방송을 들으면서 하나님의 실체를 찾아보다가 '과학으로 하나님의 실체를 밝히다'라는 학자들의 주장을 접하고 나의 이론적 근거를 발견하게 되었다.

앞에서 양자물리학에 의하여 마음의 실체를 알게 되었다고 이미 말씀드렸듯이 이를 뒷받침하여 마음의학의 원천이 믿음이라는 것을 깨달았다. 옛말에 '열 길 물속은 알아도 한자도 안 되는 사람 마음속은 모른다.'는 말이 있다. 형이하학적으로 보이는 물질은 알 수 있지만 형이상학적으로 보이지 않고 사람으로서 알 수 없는 영역이라 신에 의존하여 알아보려 한 것이 곧 신앙이다. 하나님은 보이지 않지만 존재한다는 사실을 양자물리학이론에서 알아낸 것이다.

과학자들은 우주를 이루고 있는 최소 기본단위인 '쿼크'는 관찰자의 유무에 따라 인식 작용을 한다는 사실을 밝혀냈다. 이는 우주의 기본 요소인 '쿼크'가 스스로 움직이는 생명체이기 때문이다. 이를 이해하기 위해서는 우리 육체 안에는 유전자(DNA)가 있어서 육체의 체형과 성격과 성별과 혈액형 등 인체의 모든 것을 결정한다는 사실에 주목할 필요가 있다. 우주를 이루고 있는 최소 기본단위인 '쿼크'가 무형의 생명체란 사실을 도출한 실험은 인류사에 가장 큰 발견이라고 할 수 있다. 왜냐하면 과학이 이 정도의 결과를 낸 것만으로도 우주와 생명의 기원을 논리적으로 증명할 수 있기 때문이다. 이것으로 과학의 역할을 다 했다고 해도 과언은 아니다. 최소한 하나님이 이 세상을 창조했다는 창조론의 입장에서는 그렇다. 오늘날 과학이 거둔 실적만으로도 하나님의 창조론 진리와 결합만 될 수 있다면 우주의 현재와 미래의 비밀은 다 풀리기 때문이다. 이제부터는 신학분야가 그 결과를 인계받아 모든 답을 내릴 수 있다. 이 분야는 과학자가 더 이상 논할 부분이 아닌 형이상학(形而上學)의 문제인 것이다.

탈레스로부터 시작한 서양철학의 과제는 크게 두 가지로 정리될 수 있다. 하나는 형이하학(形而下學)적 관점에서 언급한 일련의 과학적 성과물이고 다른 하나는 형이상학적(形而上學的) 부분으로서, 이는 과학자들의 몫이 아니라 신학자나 종교인들의 몫이라 할 수 있다. 형이하학(形而下學)적 관점에서 보면 우주를 구성하는 기본 재료인 '쿼크(우주세포)'는 파동이고 파동은 에너지이고 에너지는 빛이고 빛은 생명이다. 이 생명이 나타난 것은 성경의 말씀이 있었기 때문에 가능했다. 생명의 창조자는 과연 누구인가. 물질이라고는 한 점도 없던 그 공허한 순간에 최초로 물질을 있게 한 창조자는 과연 누구인가.

지구에 살고 있는 우리 모두가 불가사의하게 생각한 우주의 생성 비밀을 밝히는 것은 인류 역사상 가장 중대한 순간이 될 수 있다. 지금은 2018년 7월 6일 오전 10시다. 성경 말씀인 창세기의 창조론 첫 부분을 보면 지구와 우주가 창조되기 이전에는 지구와 우주는 없었으며, 물질도 없었고 공간도 없었다. 오직 공(空)이었고 무(無)였고 공허(空虛)였고 흑암(黑暗) 자체였다.

> 태초에 하나님이 천지를 창조하시니라 땅이 혼돈하고 공허하며
> 흑암이 깊음 위에 있고 하나님의 영은 수면위에 운행하시니라
> (창세기 1장 1~2절)

창세기 1장에서 보면 하나님이 지으신 모든 것을 보시니 보시기에 심히 좋았더라. 하나님께서 우주만물을 다 창조하시고 마지막으로 사람에게 만물을 맡기시면서 하신 말씀을 우리는 깊이 알아야 한다. 우주만물을 창조하시면서 늘 하나님이 보시기에 좋았더라. 하셨지만 마지막에는 보시기에 심히 좋았더라. 하셨다. 심히 라는 의미를 우리는 알아야 한다.

'心히'? 하나님의 깊은 마음, 사랑이다.

우리가 앞에서 언급한 과학적 실험 결과를 돌이켜 볼 때, '쿼크'라는 생명체인 우주세포를 발견하기 전에 파동이 있었다는 사실을 알았다. 그리고 그 파동은 에너지이고 그 에너지는 빛이고 빛은 생명체였다는 것을 파악하였다. 그리고 그 생명체의 본질은 영(靈)이고 신(神)이란 사실도 알게 되었다. 이제부터 과학의 영역은 끝났다. 과학은 자신의 의무를 충실히 했다. 지금부터는 신학과 종교학만이 그 답을 내릴 수 있다. 그렇다면 생명체의 근본인 신(神)과 영(靈)은 어떻게 생기게 되었는가. 세상에서 신과 영에 대하여 지식을 담아놓은 책은 성경밖에 없다. 성경의 주인공은 창조주 하나님이시다. 창조주는 영이다. 기독교에서 창조주는 삼위일체(성부, 성자, 성령) 하나님이시다. 불교에서는 부처님을 무시무종(無始無終)이라 했다. 부처님은 진리의 영으로 해석된다. 부처님은 깨달은 영이다. 사람들을 깨닫게 하는 부처님의 본체는 법신불(法身佛)이다. 법을 가진 영이란 뜻이며 진리와 동의어이다. 부처님을 무시(無始)라고 한다. 여기서 무는 공(空)이다. 공즉시색(空卽是色)이다. 공은 없는 것이 아니라 보이지 아니하는 존재를 의미한다. 보이지 않는 존재는 신이다. 즉 보이지 않는 신이 보이는 색(물질)을 있게 한 존재란 의미이다. 보이지 아니한 신이 보이는 색(물질)의 세상을 창조하였다는 의미이다. 이 공(空)이 바로 과학에서 밝힌 하나님이 아닌가. 과학에서 '쿼크'는 하나님이 없는 상태에서는 무형이었다. 하나님이 우주만물을 창조하지 않았을 때는 물질과 공간은 없었다. 오직 하나님만이 있었다. 하나님이 우주만물을 창조함에 따라 무형상이 형상이 되었다. 형상 속에 생명체가 들어가서 물질이 움직이기 시작했다. 생명체의 본질은 영이고 형상은 물질이다. 우주가 물질과 영이 혼합되어 나타나게 된 것이다. 공즉시색(空即是色)이란 말은 불가에서 많이 쓰지만 나는 곧 하나님이 말씀으로 공(空)을 보자 색(色)의 세상이 물질로 나타나게 되었다는 것으로 생각된다. 이렇게 무(無)에서 유(有)를 창조한 신을 성경에서는 창조주 하나님이라고 하며 창조주를 진리의 하나님이라고 한다.

> 믿음은 바라는 것들의 실상이요 보이지 않는 것들의 증거니
> 믿음으로 모든 세계가 하나님의 말씀으로 지어진 줄을 우리가
> 아나니 보이는 것은 나타난 것으로 말미암아 된 것이 아니니라.
> (히브리서 11장 1, 3절)

해설: 하나님의 약속과 신자들의 마음이 화합될 때 실체가 일어난다. 보이지 않는 것들의 증거는 하나님과 그의 능력이 하늘에 있는 것들을 가리킨다. 이들은 우리의 눈으로는 볼 수 없다. 그러나 이들에 대하여 하나님이 우리 마음속에 주신 믿음은 그 증거품이다. 그 이유는 믿음이란 것은 단순한 심리작용이 아니고 하나님의 말씀과 성령으로 말미암은 선물이기 때문이다.

이때 진리는 창조에 대한 내력을 말한다. 직접 사람과 우주만물을 창조한 하나님이기에 진리의 하나님이 될 수 있다. 불교의 法·身·佛이 곧 창조주 하나님임을 언어적으로 증거 하는 말이다. 성서에서는 창조주 하나님을 '스스로 계신 자'라고 한다. 즉 '자존자(自存者)'란 말이다. 이는 어느 누구에 의하여 창조된 것이 아니라는 의미로 해석할 수 있다. 이는 하나님만이 할 수 있는 일이다. 신(神) 중에도 하나님만이 할 수 있는 일이다. 하나님은 무소부재(無所不在)하고 전지전능(全知全能)하다고 성서에서 소개해 두었다. 전능(全能)이란 말은 곧 하나님의 능력이 얼마나 큰 가를 밝혀주는 단어이다. 우리 인간의 사고로는 하나님 이외에는 우주만물이 존재하게 된 경위를 설명할 수 없다. 그러나 하나님은 영(靈)이라서 사람의 육안으로 확인할 수 없다.

그렇다면 보이지 않는 하나님의 존재를 어찌 믿을 수 있겠는가. 그것을 확인할 수 있는 효과적인 방법은 창조된 피조물을 면밀히 살펴보는 것이다.

피조물인 인간 속에 있는 영혼(靈魂, 생기 즉 생명의 에너지)의 존재를 인식하는 일은 하나님의 존재를 이해하는 중대한 요건이 된다. 인간이 생각하게 하고 말하게 하고 움직이게 하는 존재는 영혼이다. 영혼은 눈에 보이지 않는다. 그러나 사람의 육체 안에 영혼이 없다면 생각할 수도 말할 수도 움직일 수도 없다. 그렇듯 우주에 인간의 육체를 움직이게 하는 영혼의 역할을 하는 하나님이 존재하지 않으면 우주도 움직일 수 없을 것이다. 이것은 우주

안에서 인간의 영혼의 역할을 하는 존재가 있다는 것을 가상할수 있다. 이는 하나님의 말씀이라는 방정식이 성립된다. 인간의육체 안에 영혼이 있는 것처럼 우주 안에도 하나님이 존재한다는 것이다.

사람은 영(靈)과 육(肉)으로 구성되어 있다. 영육은 어디서 왔을까. 그 해답은 **창세기 2장 7절('하나님이 사람을 땅의 흙으로 만들고그 코에 생기를 불어 넣었다')**에서 알 수 있다. 온 우주를 다 뒤져봐도 하나님을 찾을 수는 없다. 그러나 성경 속에서는 그 하나님을찾을 수 있다. 인간 속에 들어있는 영혼을 확인하면 하나님의 존재도 인정할 수 있다.

즉 성령(聖靈)은 애초부터 내 마음속에 존재하고 있다. 다만 '믿음'이 없어 인식하지 못할 뿐이다. 그러면 우리 눈으로 보고 있는이 우주만물인 자연을 바라보면 세상에 물질로 드러나게 한 가장 믿을만한 근거를 발견할 수 있다.

오늘날까지 우리는 우리가 보고 있는 이 만물의 존재가 생성된 과정을 논리적으로 설명하는 것을 보지도 못했고 듣지도 못했다. 그러나 태초에 **'하나님이 사람을 땅의 흙으로 만들고 그 코에생기**(生氣 ; 聖靈.靈魂, 생명 에너지)**를 불어 넣었다'**라고 하는 성경의 말씀을 믿음으로써 "내 몸 안에 이미 존재함을 깨우쳐라. 그리하면보일 것이다."라고 나는 감히 말할 수 있다.

다윈의 '진화설'에서도 진화론을 입증하는데 결정적으로 결핍된 것은 진화의 산물인 우주의 기초물질이 최초에 어떻게 존재하게 되었는지를 설명하지 못했다. 오늘날까지 창조설을 주장한 많은 신학자들도 우주생성의 과정을 논리적으로 설명하지는 못했다. '스티븐 호킹' 박사도 빅뱅이론을 주장했지만 빅뱅의 재료인 그 원소가 어디서 왔는가는 설명하지 못했다. 그런데 드디어 우주의 기초물질인 '쿼크'는 하나님에게서 왔다는 결론을 얻었다. 그로 말미암아 우주의 물질이 생성된 과정을 논리적으로 설명될 수 있게 된 것이다. 알고 보니 우주의 물질은 하나님에서 왔고, 이것으로 하나님은 무(無)에서 유(有)를 창조할 수 있는 전지전능하신 유일한 존재란 사실을 알 수 있다.

하나님은 무(無)이고 영(靈)이고 공(空)이다. 이제 물리학이 노력하여 얻은 결과로 우주 창조의 비밀이 풀렸다. 여기서 공(空)은 무엇보다도 양자물리학을 비롯한 현대과학을 이끌어 온 과학자들의 공로로 인정되어야 할 것이다. 이제 과학이 이룬 그 기초 지식 위에 진리인 하나님의 말씀을 가미하면 우주와 인간의 생성과정을 완벽히 설명할 수 있게 된다.

과학에서 얻은 결과는 우주를 이루는 물질의 소재는 영(靈)이란 것이다. 그 영(靈)을 창조한 분이 하나님이다. 하나님은 우주를 창조하기 이전에 우주창조의 설계도를 그렸다. 그것을 성경에서는 '말씀'이라고 기록하고 있다. 성경에서는 말씀을 빛(요한복음 1장 1,3절 태초에 말씀이 계시니라 이 말씀이 하나님과 함께 계셨으니 이 말씀은 곧 하나님이시니라. 만물이 그로 말미암아 지은 바 되었으니 지은 것이 하나도 그가 없이는 된 것이 없느니라.)이라고 했으며 그 말씀 안에 '**내가 곧 길이요 진리요 생**

명이니'(요한복음 14장 6절)라고 했다. 이는 사람을 포함한 모든 물질에는 하나님의 신성이 들어있다는 말이다. 즉 만물에는 하나님의 뜻이 깃들어 있다는 것이다. 생명의 실체 안에 들어있는 것은 유전자 곧 DNA이다. DNA는 작게는 소우주인 인간과 동물과 식물의 설계도이고 크게는 대우주의 설계도이다. 이것은 소우주인 사람이 유전자에 의하여 형상과 체질 및 모든 것이 결정되듯 대우주도 동일한 메커니즘을 가질 것이란 논리가 성립된다.

　과학의 결론으로 얻은 것은 결국 우주는 하나님 뜻으로 이루어졌다는 것이다.

　그렇다면 우리는 우주를 바라보는 시각의 일대 전환이 필요하다. 우주를 구성하는 기본 요소가 영(靈)이란 것은 온 우주가 하나님의 뜻으로 이루어졌다는 말과 같다. 온 우주가 하나님의 뜻대로 이루어졌다는 것은 내가 있는 이 지점에서 전체의 은하계에 이르기까지 모든 공간과 모든 물질이 하나님의 뜻으로 구성되었다는 사실이다. 이것은 마치 소우주인 사람의 몸에 약 60조 개의 세포가 들어 있는 현상과 같다. 이 세포는 각자가 하나의 생명체이다. 인간의 육체는 이러한 생명체가 60조 개로 조합되어 나타난다. 세포동물인 것이다. 그러나 이러한 인체는 모두 한 조직으로 이루어져 있다. 이는 발톱 끝에 있는 세포나 머리의 가장 말단에 붙어 있는 뇌세포 하나하나가 역할은 서로 다를 수 있지만 세포의 의미는 모두가 같다는 것을 말한다. 성경은 우주가 하나님의 뜻으로 이루어졌다는 사실을 기록한 것이고, 그 많은 종교

서적 중에 역사적으로 가장 실제적 사실을 수천 년 동안 자세히 그리고 정확하고 정통적으로 창조주 하나님의 말씀을 기록한 경서이다. 그런데 여기에 또 하나의 큰 비밀이 숨어 있으니 성경의 참 깨달음에 관한 것이다. 오늘날까지 구태의연한 방식으로 성경을 읽고 이해한 지식으로 성경을 평하지 말라는 것이다.

우주는 하나님의 설계로 세상에 나타났고, 무형이었던 것을 하나님의 뜻에 의해 세상에 나타난 현상들이다. 그래서 창조주의 설계 하에 창조된 우주 만물 안에는 천국(天國)이라는 하나님의 세계가 존재한다는 사실을 깨달아야 한다. 그래서 이 거대한 은하계가 한 치의 오차도 없이 운행되고 있는 것이다.

창조주의 수많은 역사들은 보이지 않는 곳에서 보이는 우주를 운행하면서 질서를 유지하고 있다. 그래서 만물에는 하나님의 뜻이 깃들어 있지만 이를 운행하는 창조주는 한 분뿐이란 사실을 반드시 알아야 한다. 이는 하나님에 대한 절대지식이며 법칙이다. 하나님의 세계는 마치 군대와 비교될 수 있으며 위계질서가 엄격히 정해져 있음을 간과해서는 안 된다. 그럼 우주에 살고 있는 우리들이 과학자들이 밝힌 바를 이해하면 우리는 거대한 창조주의 영(靈)의 영역에 살고 있다고 볼 수 있다.

왜냐하면 우리와 우주는 '세포(사람)와 쿼크(우주)'로 이루어졌고 그 쿼크는 영(靈)이고, 영은 창조주가 창조한 것이기 때문이다. 따라서 사람이 살고 있는 삼라만상인 대우주는 창조주에 의하여 허공에서 나타난 하나의 현상과 같은 것이다. 그 현상의 실체는 공(空)이고 허(虛)이고 무(無)이다. 우주를 어떤 측면에서 생각하면 하나의 안개 같은 속성에 지나지 않는다고 말할 수 있다. 사람은 창조주가 만들어 놓은 거대한 하나님의 우주(보자기) 안에 들어 있는 하나님 형상으로 빚은 '쿼크(세포)'인 피조물이란 사실이다. 그러니 우리 인간은 우주에서 보면 먼지와도 같은 미미한 존재가 아닌가.

제2장 마음에 대하여

모든 지킬 만한 것 중에 더욱 네 마음을 지키라 생명의 근원이 이에서
남이니라 (잠언 4장 23절)

해설: 마음은 심장을 의미한다. 우리의 심장을 가지고 무엇을 사랑하
는가 하는 것이 인생의 근본 문제이다. 그런데 사람들은 하나님을 사
랑하지 않고 다른 것을 사랑한다면 만물보다 거짓되고 부패한 것은
마음이다. 이런 경우 그리스도께서 그 사람의 마음속에 들어오셔야 하
나님을 사랑하는 자가 된다. 우리는 마음의 문을 열고 그리스도를 전
적으로 믿어야 한다.

1. 마음(mind)이란?

인간의 내면적 활동인 지식, 감정, 의지(知, 情, 意)를 통합한 정신
적 작용으로서 善과 惡을 판단하는 힘이요, 인격과 행위를 결정
하는 근간이며, 생명의 힘이 일하는 장소이고, 종교와 윤리 생활
의 중심이며, 하나님과의 관계가 가능한 교제의 처소요, 하나님
의 계시를 수용할 수 있는 통로를 말한다. 특별히 성경에서 '마음
'은 '심령(心靈)' '영혼' '인격' '의지'로 표현된다. 내 마음(mind) 안에
는 감정(feeling)과 정서(emotion)가 있다. 내가 거듭나야 마음에 혁명
이 일어난다.

마음의학은 "거듭남(Regeneration)"이다. 거듭남이란 예수님을 만

나는 것이다. 거듭남은 다른 종교나 철학에는 없는 기독교에만 있는 진리이다. 사람이 거듭난다는 것은 행위나 선행, 노력, 종교 의식에 의한 것이 아니라 물과 성령에 의해서만 가능한 것이다. 거듭남은 스스로 이룰 수 있는 것이 아니라 외부의 영향력에 의한 것이다. 신앙이란 선택 받는 것이다. 사람이 하나님을 택하는 것이 아니라, 하나님이 사람을 택하는 것이다. 우리가 예수님을 믿어 영적으로 거듭나는 영적탄생, 거듭남도 순전히 하나님의 은혜로 결정된다.

> 너희는 그 은혜에 의하여 믿음으로 말미암아 구원을 받았으니 이 것은 너희에게서 난 것이 아니요 하나님의 선물이라 행위에서 난 것이 아니니 이는 누구든지 자랑하지 못하게 함이라 (에베소서 2장 8~9절)

믿음과 은혜는 언제나 동전의 양면과 같다. 하나님이 우리를 찾아오는 것이 은혜이고, 우리가 하나님께 나아가는 것이 믿음 이다.

> 예수께서 대답하여 이르시되 진실로 진실로 네게 이르노니 사 람이 거듭나지 아니하면 하나님의 나라를 볼 수 없느니라. 사람 이 늙으면 어떻게 날 수 있사옵니까? 두 번째 모태에 들어갔다가 날 수 있사옵니까? 예수께서 대답하시되 진실로 진실로 네게 이

르노니 사람이 물과 성령으로 나지 아니하면 하나님의 나라에 들어갈 수 없느니라. 육으로 난 것은 육이요 영으로 난 것은 영이니 내가 네게 거듭나야 하겠다 하는 말을 놀랍게 여기지 말라.

(요한복음 3장 3~7절)

누구든지 그리스도 안에 있으면 새로운 피조물이라 이전 것은 지나갔으니 보라 새 것이 되었도다. (고린도후서 5장 17절)

이처럼 '내가 마음먹기 나름이다'라는 뜻은 '거듭남'을 의미한다. 나는 '나' 이외의 어떠한 현상이나 형식은 생각할 필요가 없다. 왜냐하면 변해야 하는 것은 '나' 자신이며 내 안에 있는 그 무엇이기 때문이다. 그 무엇은 '마음 혁명'인 것이다.

2. 마음 혁명이란?

칠정(七情-喜, 怒, 憂, 思, 悲, 驚, 恐)으로부터 자유로워지고 지식과 의식으로부터의 해방, 과거로부터의 자유를 의미한다. 우리는 스스로 가지고 있는 감정으로부터 자유로워지지 않으면 마음의 혁명을 이룰 수 없다. 마음속에서 미묘하게 움직이는 질투, 욕망, 분노, 비열감, 교만감, 시기심 등 부정적인 마음상태를 분별하지 못하면 모든 질병의 원인으로부터 자유로워질 수 없어 마음 혁명이 안 되는 것이다.

모름지기 현 세대에 만연하고 있는 癌은 현대 서양의학의 과학자들이 먹는 것에서 癌을 일으키는 물질과 식습관과 생활환경에서 찾았으나 癌의 가장 중요한 원인이 '스트레스'라는 새로운 학설이 등장하였다. 이 스트레스는 바로 칠정(七情)에서 오는 것이다. 칠정이 곧 마음이기 때문이다. 마음의학의 근본은 '거듭남' 즉 마음 혁명이다.

이에 대해 의학적 근거가 없지 않느냐고 묻는다면 마음이란 눈으로 볼 수 없으니 눈에는 보이지 않는 하나님의 말씀이 진리요 바로 그 근거라 할 수 있다. 하지만 성경을 다 읽은 후에야 마음의학을 말할 수 있으니 의학적 근거를 찾는 게 그리 쉬운 일은 아니다. 말씀을 읽고 이해한다면 더할 나위 없이 좋겠지만 그게 그리 쉬운 일인가. 목회자들도 통독을 백번 했으니 신자들은 매년 몇 번을 했으니 해도 말이다.

여기서 중요한 것은 마음의학은 하나님의 창조론과 부활론을 머리가 아닌 마음으로 받아들여야 한다는 사실이다. 이를 부정하면 기초부터 무너지는 것이며 진정한 마음 혁명은 이룰 수가 없다. 창조론을 절대적으로 인정해야만 마음의학의 참 진리를 깨달을 수 있고, 현대 의학의 발달된 현실과 자연의학의 관심은 마음의학의 토대 위에 존재 한다는 사실을 이해할 것이다.

다시 말하면 마음 혁명이란 우리가 가지고 있는 칠정으로부터 자유로와지고자 하는 것이며, 칠정의 근본인 긍정적 마음 상태와 부정적 마음 상태를 분별하지 못 하면 육신의 마음을 따르는 자로 육신의 일만을 생각한다. 육신의 생각은 사망이며(로마서 8장

6절 육신의 생각은 사망이요 영의 생각은 생명과 평안이니라), 죄악의 법과 내 속에 거하는 죄에서 자유로워질 수 없게 된다. 성령의 마음을 따르는 자는 영의 일을 생각하며, 영의 생각은 생명과 평안으로 인도한다. 하나님의 법과 마음의 법, 내 속사람, 생명과 성령의 법은 거듭남으로 하나님의 말씀을 깨닫는 것이며 이것이 바로 마음의학의 진수이다.

하나님의 말씀은 오직 일심(一心)이다. 선택과 판단의 문제가 아니다. 一心을 안다는 것은 지극히 어려운 일이다. 성경을 백 번 통독했다고 다 알 것 같지만 하나님의 말씀은 그저 많이 읽었다고 다 아는 게 아니고 한 구절 한 구절마다 진정한 하나님의 마음으로 깨달아야 한다. 이것이 바로 一心이요, 믿음과 사랑, 감사, 고마움, 행복이 가득한 무선(無善)과 악(惡), 무비교(無比較)의 상태, 시간과 공간을 초월한 하나님의 세계로 가는 믿음이다. 즉 一心은 곧 거듭남이요 마음의학의 실체이다.

예를 하나 들어보자. 하나님을 부정하는 어떤 사람이 목사에게 "하나님이 눈에 보이십니까? 그 존재를 설명해 보시오." 하자 목사가 말하기를 "당신은 부인을 사랑합니까?"라고 물었다. "물론 사랑하지요. 그렇다면 그 사랑하는 마음을 어디 내 보시오." 그때 그 사람은 크게 느끼고 하나님 말씀을 믿는 기독교인이 되었다고 한다. 예수님은 "진리가 너희를 자유롭게 하리라."고 하셨다. 그런데 진리를 어디에 써 놓았는가? 바로 성경에 쓰어 있다. 성경은 거룩한 하나님의 말씀이다.

3. 사람의 마음(mind)

사람의 마음은 내면의 두 가지 사이에 벌어지는 충돌 상태로 스스로를 사로잡는다. 한 가지는 육신의 마음으로 죄악의 법을 따르고, 또 하나는 성령의 마음으로 하나님의 법을 따른다. 사람이 육신의 마음이 지배하는 삶을 살면 죽은 삶이 되고, 성령의 마음이 지배하는 삶을 살면 살아있는 삶이 된다.

본래 사람의 마음은 하나님의 법이 우리 마음을 통하여 역사하는 것이다. 이는 우리의 마음 자체가 선하다는 의미만을 말하지는 않는다. 마음속에는 늘 두 세력이 있다. 하나님의 법과 죄악의 법, 즉 긍정적 마음과 부정적 마음이다. 마음은 육신의 마음과 성령의 마음이 벌이는 전쟁이다. 인간은 두 가지 마음의 갈등 속에서 고통스럽게 산다. 인간의 마음은 치열한 전쟁인 것이다. 양심을 믿지 말라. 양심은 자기를 변호하고 죄를 모른다. 자기가 의롭다고 착각함으로 자신을 파멸에 이르게 하며, 악의 생각이 선의 생각을 누르고 사는 것이다. 1%의 삶 (악: 51%, 선: 49%)

☞ 긍정적 마음: 성령의 마음*, 하나님의 법, 마음의 법, 내 속사람, 생명의 성령의 법

---

* 영을 따르는 자는 영의 일을 생각한다. 영의 생각은 생명과 평안이다.

☞ 부정적 마음: 육신의 마음*, 죄악의 법, 내 속에 거하는 죄 (로마서 7장, 8장)

4. 사람의 생각

하나님께서 사람을 지으실 때의 마음과 짓고 난 후에 사람의 생각이 어떠한지를 하나님의 말씀 속에서 찾아보면 악의 생각이 선의 생각을 누르고 사는 것 즉, 우리가 1%의 삶(악: 51%, 선: 49%) 을 살고 있는 이유를 알아야 한다.

아담과 하와가 마귀의 시험에 빠져 선악과를 먹음으로써 하나님과의 관계가 깨어져 이제는 영광이 그들에게서 떠났으므로 혹독한 벌을 원초적으로 받고 살아야 한다. 임신의 고통과 얼굴에 땀을 흘려야 먹을 것을 먹으며 너는 흙이니 흙으로 돌아갈 것이라 하는 사망의 원죄를 안고 삶을 살아야 하는 것이 1%의 삶이다.

육신의 생각은 죄악이니 사람으로 하여금 하나님을 떠나도록 유도한다. 하나님을 떠난 것이 곧 사망이다. 그리고 영(靈, 성령)에 속한 생각은 하나님을 찾아 모신다. 그것은 진정한 생명과 평안을 가져온다. 이 세상이 사망의 세상이지만 하나님과 그리스도의 성령의 지배를 받는 참 신자만은 영생의 축복을 받는다.

---

* 육신을 따르는 자는 육신의 일을 생각한다. 육신의 생각은 사망이다.

여호와 하나님이 땅의 흙으로 사람을 지으시고 생기를 그 코에 불어 넣으시니 사람이 생령이 되니라 (창세기 2장 7절)

육신을 따르는 자는 육신의 일을 생각하고, 영을 따르는 자는 영의 일을 생각하나니 육신의 생각은 사망이요 영의 생각은 생명과 평안이니라. 육신의 생각은 하나님과 원수가 되나니 이는 하나님의 법을 굴하지 아니할 뿐 아니라 할 수도 없음이라 (로마서 8장 5~7절)

율법으로 말미암아 죄가 나타남은 율법 자체가 악해서가 아니고 인간의 본성이 악하기 때문이다. 우리가 율법은 신령한 줄 알거니와 나는 육신에 속하여 죄 아래에 팔렸도다. 내가 행하는 것을 내가 알지 못하노니 곧 내가 원하는 것은 행하지 아니하고 도리어 내가 미워하는 것을 행함이라 만일 내가 원하지 아니하는 그것을 행하면 내가 이로써 율법이 선한 것을 시인하노니 이제는 그것을 행하는 자가 내가 아니요 내 속에 거하는 죄니라 (로마서 8장 14~17절)

제3장 자연에 대하여

창세로부터 그의 보이지 아니하는 것들 곧 그의 영원하신 능력과 신
성이 그가 만드신 만물에 분명히 보여 알려졌나니 그러므로 그들이
핑계하지 못할지니라 (로마서 1장 20절)

1. 자연의 은혜(恩惠)

자연은 스스로를 조절할 뿐 파괴하지 않는다. 사람이 자연을
허물고 더럽힌다. 자연의 조화를 도외시한 무절제한 산업화와
도시화로 인해 생활의 원천인 신선한 공기와 맑은 물이 말할 수
없이 오염되고 있다. 이 고마운 자연과 환경을 사람의 손으로 파
괴하고 있는 것이 오늘의 현실이다. 자연은 사람들에게 아득한
옛적부터 많은 것을 아낌없이 무상으로 베풀어오고 있다. <u>자연
의 여섯 전문가인 햇빛, 공기, 물, 흙, 숲, 자연 먹거리와 자연의
기초에너지인 씨, 열매, 잎, 줄기, 뿌리, 꽃과 자연의 육기현상으
로 풍, 한, 서, 습, 조, 화라는 사실을 우리는 성경의 창세기 천지
창조 편에서 알 수 있다.</u>
하나님이 창조하신 자연의 은혜는 말로 다 할 수 없을 것이다.
이와 같은 자연의 은혜에 대해 우리는 감사할 줄 모르고 당연한

것으로 받아들이거나 아예 무감각하다. 우리 곁에 이런 자연의 은혜가 없다면 잠시도 살아갈 수 없는 처지인데도 사람들은 고마운 자연 앞에 너무도 뻔뻔하다. 그저 많은 것을 차지하면서 편리하게만 살려고 하는 약삭빠르고 탐욕스러운 사람들에게 빼앗겨 앓고 있는 자연의 신음소리를 듣지 못한다. 자연의 신음소리는 곧 우리들 자신의 질병이며, 우리들 자신의 신음 소리임을 잊지 말아야 한다. 사람과 자연은 빼앗고 빼앗기는 약탈과 주종 관계가 되어서는 안 된다.* 자연은 사람에게 원천적인 삶의 터전이고 본능적인 삶의 배경이다. 문명은 우리가 살아가는 데 있어 하나의 도구이고 수단이지 최후의 목적이 될 수는 없다. 자연과 사람은 어머니와 자식의 관계로 회복되어야 한다. 파괴되지 않고 오염되지 않은 자연 안에서만 인간도 건강하고, 덜 황폐화되고, 덜 오염되어 사람 본래의 건강을 되찾을 수 있을 것이다.

자연은 병들고 지치고 상처받은 사람이 기대고 쉬면서 위로받고 병을 치유해 주는 유일한 휴식 공간이다. 우리가 살 만큼 살다가 죽은 후 차디찬 시신이 되어 묻히거나 한 줌의 재로 뿌려질 곳도 또한 이 자연임을 명심해야 한다. 자연은 사람이 살아가는 데 필요한 물질적 또는 정신적인 필수 불가결한 수많은 것들을 아무런 대가도 받지 않고 무상으로 제공해 주고 있다. 마치 인자

---

* 자연에 대한 유명한 말 : 1855년 미국의 프랭클린 대통령과 인디언 쓰와네 족의 추장인 씨아틀과의 대화 속에 이주에 따른 보상 조건을 제시하자 추장은 "자연은 누구의 소유물이 아니다."라고 거절하였다.

한 어머니가 어린 자식에게 자신이 지닌 모든 것을 아낌없이 베풀어 주듯이. 이 같은 자연의 선물을 받아서 제대로 적절히 사용하면 사람의 생활에 빛이 나고 유익하며 육신에 건강을 준다. 그러나 그 선물을 과용하거나 잘못 사용하면 거기에 상응한 대가로 질병의 고통을 치르지 않으면 안 된다.

자연은 인간에게 영원한 모성일 뿐 아니라 위대한 '자연 의사'다. 자연에는 그 나름의 뚜렷한 질서가 있다. 숨·밥·잠·똥, 그리고 봄, 여름, 가을, 겨울이라는 4계절의 질서가 있고, 뿌려서 가꾼 대로 거두는 수확의 질서가 있다. 자연은 사람이 행한 만큼 아무런 대가도 없이 주고 베푸는 따뜻함이 있다. 이와 같은 자연의 질서에 우리들은 순응할 줄 알아야 한다. 우리의 삶이 지극히 자연스러운 것이 되도록 자연으로부터 배우고 익혀야 한다. 자연스러운 것이 바로 건강한 것이기 때문이다. 자연은 나무와 물과 흙과 바위로 이루어진 단순한 유기체가 아니다. 그것은 커다란 생명체이며 시들지 않는 영원한 품속이다. 자연에는 꽃이 피고 지는 자연현상뿐 아니라. 거기에는 시가 있고 음악이 있고 침묵이 있고 사상이 있고 종교가 있다. 인류 역사상 위대한 사상이나 종교는 벽돌과 시멘트로 쌓아 올린 아파트에서가 아니라 때 묻지 않은 대자연 속에서 움트고 자랐다는 사실을 우리는 기억할 필요가 있다. 밝고 따뜻한 햇빛과 맑은 공기, 울창하고 청청한 숲속에서 시작도 끝도 없이 도도히 흐르는 강물과 아름답고 온화한 꽃, 풍부한 자연의 먹거리, 또는 밤과 낮의 기온 차가 심한 침묵의 대지에서 위대한 사상과 종교가 움트게 됐다는 사실은 오늘의 우리들에게 시사 하는 바가 적지 않을 것이다.

몸과 마음은 하나로 육신에 탈이 나거나 병이 들면 병원을 찾아가 치료를 받지만, 영혼이 지쳐있거나 병들어 있을 때는 병원을 찾아가도 쉽게 낫지 못한다. 어린애가 엄마의 품을 찾아가듯이 자연의 품속에 안겨 자연의 소리를 듣고 그 질서를 우리 것으로 받아들일 때에 다시 건강을 회복할 수 있다. 사람이 가장 많이 앓고 있는 생활습관 병(암, 고혈압, 당뇨, 심혈관계 질환 등)은 약물치료만으로는 나을 수 없는 문명의 병이다. 자연과 더불어 가장 자연스러운 생활을 통해서만이 제 기능을 하게 된다. 자연은 말없이 우리에게 많은 깨우침을 준다. 자연 앞에서는 우리가 알고 있는 것은 접어 두어야 한다. 그리고 입을 다물어야 한다. 그래야 침묵 속에서 '자연의 소리'를 들을 수 있다. 하나의 씨앗이 대지에 묻혀 움이 트고 잎이 피고 꽃이 피고 열매를 맺을 때까지의 인내와 침묵이 자연치유에 절대로 필요하다. 왜냐하면 자연 자체가 원초적인 침묵이요 인내요 희생이기 때문이다. 자연의 실체를 인식하려면 무엇보다 침묵이 전제되어야 한다. 천지창조 편에서는 태초에 말씀이 있기 이전에 7일간의 무거운 침묵이 있었음을 생각할 수 있어야 한다. 침묵이야말로 자연의 말이고 우주의 언어다.

자연은 우리들로부터 떨어져 있는 것도 아니고 훈련으로 정복되어야 하는 대상도 아니다. 그것은 우리들의 한 부분이며 아름답고 장엄하다. 산에서 우리는 깨달음을 얻고 삶의 의미를 배운다. 그럼 자연이란 무엇인가. 그냥 있는 땅이 아니라 우리 모두의 과거와 현재와 미래에 걸친 삶의 터전이다. '땅에서 넘어진 자는 땅을 짚고 일어선다'는 말이 있다. 우리가 쾌적한 자연환경 속에서 사람다운 삶을 살려면 될 수 있는 한 자연을 알고 친환경적으로 살아야 한다. 우리는 건강하기 위한 표현으로 웰빙(WHO의 건강기준은 육체적, 정신적, 사회적으로 건강해야 한다)이라 하지만 이는 자연의 혜택 없이는 불가능하다.

사람은 자연과 함께 있을 때 가장 느긋하고 편안해진다. 가장 행복하고 건강해진다. 자연과 멀어지면서 우리의 건강한 삶도 함께 멀어져 간다. 자연의 순리에 역행하는 도시의 생활습관이 우리의 건강을 망치고 있다. 인공적이고 인위적인 모든 반 자연적인 것은 건강을 해치는 것이다. 특히 사람이 만든 일체의 화학제품은 가장 악질적이다. 그렇다고 도시를 떠난다는 것도 현실적으로 쉽지 않으니 틈틈이 잃어버린 자연성을 회복하는 데 각별한 관심을 가져야 한다. 요즈음 유행인 힐링 붐도 따지고 보면 자연성의 회복이다. 육식을 줄이고 무공해의 자연식을 하고 걷고 달리는 것은 수만 년 동안 살아온 인간의 자연스러운 모습이다. 그렇게 생활하자는 것이다. 하지만 도심에서는 힐링(healing)에 한계가 있다.

2. 생명과 목숨

생명이란? 선천적 에너지로서 사람은 물론 동식물이 살아서 숨
　　　　쉬고 활동할 수 있는 힘이다. 모든 생물에 공통적으
　　　　로 존재하는 속성이다.
목숨이란? 후천적 에너지로서 사람이나 동물이 숨을 쉬며 살아
　　　　가기 위한 활동의 힘. 사람과 동물에 한해 존재하는
　　　　속성이다.

　사람의 에너지에는 선천적 에너지와 후천적 에너지가 있다. 여
기서 선천적 에너지는 생명으로서 하나님의 은혜로 태어날 때
한 번 주어지는 것으로 내 의사와는 관계없이 소모되어지는 것
이다. **'여호와 하나님이 땅의 흙으로 사람을 지으시고 생기를 그 코에
불어 넣으시니 사람이 생령이 되니라'**(창세기 2장 7절) 후천적 에너지는
사람이 목숨을 유지하기 위해 땀 흘려 활동을 해서 얻어지는 활
동 에너지를 말한다. **'네가 흙으로 돌아갈 때까지 얼굴에 땀을 흘려
야 먹을 것을 먹으리니 네가 그것에서 취함을 입었음이라 너는 흙이
니 흙으로 돌아갈 것이니라 하시니라'**(창세기 3장 19절)
　사람은 생명 에너지와 활동 에너지가 조화를 이루며 살아가
는데 세월의 흐름에 따라 한 번 받은 생명 에너지는 차츰 소모
되지만 다시 받을 길이 없고, 활동 에너지는 생존을 위해 죽을
때까지 땀 흘려 공급받아야 한다. 그 공급원(햇빛, 공기, 물, 흙, 숲, 자

연 먹거리)은 자연에서 얼마든지 공급받을 수 있으며, 생명 에너지와 활동 에너지의 균형이 깨지면 늙고 병들게 된다. 생명 에너지가 소모되는 과정을 살펴보자. 사람이 태어나면서부터 성장이 멈추는 20세 전후까지 몸속의 에너지 검사를 해보면 태어날 때는 99% 생명 에너지(하나님이 흙으로 사람은 빚으시고 그 코에 '생기'를 불어 넣어주시다)와 1%의 활동 에너지를 가지며, 성장이 멈추는 20세 전후에는 50% 생명의 에너지(생기)와 50%의 활동 에너지가 형성된다. 몸속의 생명 에너지가 활동 에너지로 변화되면 생명 에너지는 다시는 재생되지 못한다. 물과 음식을 아무리 많이 먹어도 활동 에너지가 되며, 생명 에너지에 해당하는 세포를 형성하지 못한다. 우리 몸속의 생명 에너지인 생기가 물과 성령으로 거듭나야 각 세포 속으로 전달시키고 몸 청소까지 전담한다.(요한복음 3장 5절) 늙어서 주름살이 생기는 것은 노화 때문이 아니고 생명 에너지인 생기가 부족해서 수분 공급을 제대로 못 하기 때문에 생기는 것이다. 우리 몸에서 생명 에너지가 차츰 소모되다가 50%에서 0%가 되면 그 에너지는 사라져서 남는 것이 영혼이요, 마침내 육신은 죽음에 이르는 것이다. 사람이 죽었는데 죽었다고 하지 않고 돌아가셨다고 한다. '**너는 흙이니 흙으로 돌아갈 것이니라**'(창세기 3장 19절)

3. 암(Cancer)에 대한 관찰

여기서 癌이 어떻게 발생하는지에 대해 알아보자. 어린아이에서 어른으로 성장한다는 것은 세포가 커지는 것이 아니라 세포 수(30조 개에서 60조 개)가 많아지는 것이다. 이 과정에서 수명이 다하여 소멸되는 세포가 있고 새롭게 생성되는 세포도 있다. 그러나 인체의 조절과정에 문제가 생기면 소멸되어야 할 세포가 사라지지 않고 계속 생존을 유지하는 경우가 발생한다. 이처럼 정상적인 기능을 하지 못하는 세포가 덩어리를 이루며 자라는데 이를 종양(Tumor)이라고 한다.

종양에는 막에 둘러싸여 덩어리를 이루고 있는 '양성 종양'과, 경계가 일정하지 않은 상태로 주변 장기를 침범하거나 혈관과 림프관을 타고 온몸을 돌아다니면서 전이하는 성질을 가진 '악성 종양'이 있다. 이러한 악성 종양을 우리는 암(Cancer)이라 부른다. 경계가 분명한 양성 종양은 수술이 용이하지만 온몸을 떠돌아다니는 악성 종양은 수술 경계가 불분명한 이유로 수술이 어렵다. 따라서 癌 수술은 양성 종양에 비해 훨씬 넓은 부위를 제거하는 것을 필요로 한다. 癌 재발이 빈번한 것은 육안으로 식별되지 않는 조그만 세포가 하나라도 남게 되면 이것이 덩어리를 이루어 계속해서 자라기 때문이다. 뿐만 아니라 여러 곳에 퍼져 나간 전이성 癌세포는 수술이 쉽지 않기 때문에 치료에 어려움이 따를 수밖에 없다. 癌의 발생 원인은 유전적인 요인과 산화

스트레스, 환경·생리적 스트레스, 세포의 돌연변이, 활성산소 등의 내적인 요인과 자외선, 각종 약물, 술, 담배, 식품첨가물, 만성적인 자극과 염증, 환경오염, 바이러스, 방사선, 전자기파, 전자파 등과 같은 외적 요인이 있다. 물론 우리 몸을 구성하는 60조 개의 세포 중 몇 개가 癌세포가 되었다고 바로 癌이 발병하는 것은 아니다.

건강한 사람도 몸속에 癌세포가 존재하고 하루에도 300~8,000개의 새로운 癌세포가 생겨나는데도 癌으로 발병하지 않는 이유는 우리 몸에서 癌세포를 발견하면 즉시 이를 제거하는 힘인 면역력이 존재하기 때문이다. 우리 몸의 정상적인 면역기능은 약 1,000만 개의 癌세포를 파괴할 능력을 가지고 있기 때문에 우리 몸에서 생겨난 癌세포의 대부분은 癌으로 발생하기 이전에 인체의 천연면역시스템에 의해 제거될 수 있으며 우리가 알아채지 못하는 사이에 이러한 과정이 끊임없이 발생하는 것이다. 이러한 인체의 천연 방어기능에도 불구하고 癌세포가 분열 성장하여 의학적으로 진단이 가능한 癌으로 발병하였다는 것은 우리 몸의 면역시스템이 교란되어 癌세포를 제거하는 역할이 제대로 잘 수행되지 못하는 것일 수 있다.

의학적 검사를 통해 癌을 진단하기 위해서는 癌세포가 분열과 성장을 통해 지름 1mm, 무게 약 1g인 약 10억 개의 癌 덩어리 상태가 되어야 하는데, 이는 한 개의 癌세포가 30번 정도의 분열을 거친 것으로 최소 몇 년간의 시간이 필요하다. 따라서 癌이 발생했다는 것은 최소 몇 년간 면역시스템에 문제가 발생하였다는 것을 뜻한다. 바꾸어 말하면 T세포와 NK세포를 활성화시키는 유전자 스위치가 꺼져 있거나 면역 활성도가 약하여 癌세포를 꾸준히 제거하지 못하고 그 결과 癌세포를 자체 면역시스템만으로 제거할 수 없는 상태에 이르게 된 것이다. 癌은 인체의 한 부위에서 시작되어 문제를 일으킨다는 점에서는 국소적인 질병의 성격을 가지지만 전이를 통해 확산된다는 점에서는 전신질환이자 면역질환의 성격을 띤다. 따라서 수술과 방사선 또는 약물치료를 통해 癌을 치료하는 과정에서 癌을 성공적으로 치료하여 건강을 회복하기 위해서는 적절한 치료, 즉 앞에서 설명한 '트라이앵글 이론'(수술, 방사선, 약물치료는 물론 여섯 전문가에 의한 항산화 자연요법과 나 자신의 거듭남으로 확고한 마음)을 적용하는 노력이 동시에 진행되는 것이 바람직하다.

4. 癌이 주는 메시지

癌은 그냥 오는 게 아니다. 분명히 우리에게 무엇인가 말하려고 찾아온 것이다. 그렇기 때문에 癌이 우리에게 찾아오면 癌과 대화를 시도해 보아야 한다. 재수가 없어 걸린 게 아니란 뜻이다. 다 이유가 있어 찾아오는 것이다. 지난 내 삶 중에 무언가 잘못된 것이 있었기 때문에 그것을 알려주려고 온 것이다. 이렇게 계속 가다가는 안 되겠다, 지난 삶을 다시 되돌아보아라, 그래서 잘못된 것이 있으면 바로 잡으라는 뜻이다.

　이처럼 癌은 다른 질병과는 달리 회계하고 거듭날 시간적 여유를 준다는 것이다. 반면에 교통사고, 뇌졸중, 급성 심질환 등은 지난 삶을 다시 되돌아볼 시간을 안 준다. 특히 자살은 되돌아볼 시간을 주지 않음은 물론이고 큰 죄악이다. 그런 면에서 癌은 어쩌면 참으로 다행스러운 것이 아닌가. 내가 마음을 먹을 수 있도록 여유를 주니까.

　癌이란 놈은 음흉해서 우리가 인식을 하고 있든 아니든 우리 몸은 우리가 먹은 마음 그대로, 우리가 먹은 음식 그대로, 우리가 해온 습관 그대로 몸에 반영한다. 癌은 우리 몸의 모든 자연치유 시스템(항산화 시스템, 면역 시스템, 복구 시스템)이 한계에 이르러 견딜 수 없을 때 증상으로 나타난 것이다. 癌은 이렇게 우리 몸의 한계를 알려주기 위해 우리에게 찾아온 것이다. 그러니 어찌 보면 고마운 존재라고 할 수 있다. 지금부터라도 잘못된 모든 것들을 바로잡아 건강해지라는 신호로서 우리에게 찾아온 것이다.

　癌이 주는 메시지는 '생각이 곧 마음'이라는 말씀을 인식하지 못하도록 함으로써 내가 부정적인 마음의 화분에 영양을 주고 있다는 인식을 하지 못하고 긍정적인 마음의 화분에 영양을 주고 있다고 생각하게 한다. 전형적인 마귀의 짓이다. 이를 저지하기 위해서는

　첫째, 부정을 긍정으로 마음을 바꿔라.

　둘째, 오감을 열고, 기초에너지 식생활(치아구조 5:2:1)로 바꿔라.

셋째, 거듭나기 위해 마음의 탯줄을 끊어라(거듭남). 즉, 지금까지 우리의 습관으로 자리 잡은 잘못된 마음, 잘못된 식생활, 잘못된 생활습관을 버리고 긍정적인 마음, 올바른 식생활, 올바른 생활습관을 가짐으로 1%의 벽을 넘어야 한다. 다른 아무것도 없다. 내가 미워서도 아니고 내가 재수가 없어서도 아니다. 다만 지난 내 삶의 원인으로 나타난 결과일 뿐이다. 결코 癌을 두려워하거나 누구를 원망할 필요가 없다. 지난 내 삶의 원인을 찾아서 바꾸어 주면 되는 것이다. 그 이상도 이하도 아니다.

그러면 癌을 이기는 원료는 무엇일까. 원초적인 본능적 삶(하나님 말씀)을 찾는 것이다. 그것은 나 자신의 긍정적인 마음과 부정적인 마음의 변화의 시작이다. 그러면 癌에 걸리는 원료는 무엇일까. 그것 또한 나 자신의 긍정적인 마음과 부정적인 마음의 변화인 것이다. 癌에 걸리는 원료이든 안 걸리는 원료이든 그 원료는 똑같다. 긍정적인 마음과 부정적인 마음은 원초적인 사람의 본능적 삶(하나님 말씀) 그 자체이다. 다만 그 두 원료의 상태가 어떠한 것인가에 따라서 癌에 걸리는가, 안 걸리는가의 판가름이 나는 것이다. 1%의 많고 적음인 것이다.

모든 살아 있는 생명체는 본능적으로 동물적인 삶이 주어졌으며, 유일하게 사람에게만은 자아(自我)라는 자기 스스로 판단할 수 있는 능력을 주어 하나님이 지구상의 모든 살아있는 동·식물을 지배하도록 하시고 만물의 영장으로 '생각은 곧 마음'이라는 것을 특별히 주셨다. 지금 우리가 癌으로 아픈 것은 지난 내 삶에서 원료의 선택을 잘못했기 때문이다. 癌은 나 자신이 스스로 고쳐야 한다. 癌치료에 있어서 다음 세 가지는 의사를 비롯한 癌환자 모두가 깨달아야 한다.

첫째, 현대의학의 3대 치료법(수술, 항암제, 방사선)만으로 癌은 치유되지 않는다.
둘째, 한 가지 치료법(병원치료 또는 자연치유)만으로는 고칠 수 없다.
셋째, 물질적(물리적, 화학적 치료약)인 수단만으로 치료하기 어렵다.

조기에 발견된 癌이나 초기 癌의 경우 3대 치료법(수술, 항암제, 방사선)으로 완치가 되었다는 사례도 많이 있는 것이 사실이나 이는 겉만 보고 속을 보지 못한 결과일 뿐이다. 왜냐하면 3대 치료법으로 치료를 받은 사람이라고 하더라도 완치된 경우에는 거의 모두가 1%의 벽을 넘어 자연요법을 병행하거나 식습관을 바꾸거나 생활습관을 바꾸거나 마음을 바꾸었기 때문에 완치에 이른 것이지 3대 치료법만으로 완치가 된 것은 아니기 때문이다. 한 가지 치료법(병원치료나 자연치유 요법)만으로는 고칠 수 없다는 말은 진실에 가깝다.

癌 자체가 어느 한 부분의 문제로 발생한 것이 아니라 몸과 마음 전체를 통해서 물질적인 부분과 정신적인 부분의 불균형으로 발생한 것이기 때문에 결코 한 가지 치료법만으로 고칠 수는 없다. 몸과 마음이 복잡 미묘하고 신비로운 유기체인 사람에게 癌

을 고치는 만병통치약은 없다. 癌은 국소의 질병이 아니라 몸 전체의 병이기 때문에 어느 한 가지가 잘못되어 유발되지는 않는다. 유기체인 우리 몸에 癌이 발생한 것은 몸 전체의 시스템에 불균형이 오랜 시간 축적되어 더 이상 몸이 견디지 못하여 내 몸을 살리기 위한 방편으로 생겨난 것이기 때문에 몸 전체를 보고 불균형*을 바로 잡아야만 고칠 수 있는 것이다. 그래서 癌은 한 가지 치료법으로 고칠 수 없는 병이다.

癌은 애초에 몸과 마음의 심각한 불균형으로 생겨난 질병이기에 물질적인 수단만으로는 결코 완치되거나 치료되지 않는 병이다. 몸의 불균형을 바로 잡기 위해 식습관과 영양요법, 생활습관을 개선해야 할 뿐 아니라 마음의 불균형을 바로잡기** 위한 마음습관도 개선할 필요가 있는 것이다. 즉 몸과 마음을 함께 바꾸어야만 치료가 가능해지는 것이다. 이렇듯 몸과 마음을 원래의 상태로 되돌리기 위한 노력은 의사나 가족이 대신해 줄 수 없는 환자 고유의 영역이기 때문에 癌은 환자 본인이 스스로 고쳐야 한다. 환자 본인이 주도적이 되어야 癌을 치료할 수 있다는 말이다. 의사나 약사나 한의사나 목회자나 가족이 덜 필요하거나 덜 중요하다는 것은 아니다. 癌은 환자와 의사, 그리고 가족이 혼연일체가 되어 함께 노력해야 하지만 주체가 되는 것은 역시 환자 본

---

* 마음, 영양, 대사, 자율신경, 호르몬, 면역계 등
** 근심, 걱정, 불안, 초조, 우울, 슬픔 등의 마음 상태를 안정시키기 위한 사고방식의 전환, 마음의 안정, 스트레스 해소, 이미지 트레이닝 등

인인 것이다. 치유를 위해서는 다양한 치료법을 조합해야 하며, 물리 화학적인 방법뿐 아니라 정신적인 측면과 생각을 포함하여 눈에 보이지 않고 측정할 수 없는 어떤 종류의 것도 생각해야 한다. 적어도 의사, 환자, 가족 모두가 '癌은 반드시 치유될 수 있다'라고 생각하는 것이 희망이 있는 癌치료의 출발점이 아닐까.

癌으로 죽는 사람과 癌으로부터 살아남는 사람은 왜 생기는 것일까. 병기와 병세가 비슷한데도 어떤 사람은 죽고 어떤 사람은 살아남는 이유는 무엇일까. 초기 癌인데도 허무하게 목숨을 잃는 사람이 있는가 하면 癌이 상당히 진행되었는데도 순식간에 회복되어 죽음의 늪에서 생환한 사람도 있다. 무엇이 그들을 죽이고 살렸는가.

癌을 극복한 사람들에게 물어보니 공통적으로 긍정적 마음으로 거듭나서 생활방식과 사고방식, 그리고 생활습관을 바꾸고 자립하고 식생활을 변화시키는 것들이었다. 반면에 불행한 결말을 맞이한 사람 중 대다수는 이와는 반대로 부정적인 마음을 바꾸지 않은 사람, 자립하지 못한 사람, 의사에게 모든 것을 맡긴 사람이었다. 결국 부정을 긍정으로 바꾸고 오감을 열어야 하며, 마을의 탯줄을 끊고 거듭나야 한다.

5. 한정수 약사의 트라이앵글 이론이란?

트라이앵글(△)은 그 모양이 정삼각형을 이루어야 아름다운 소리를 낼 수 있듯이 질병(癌) 치유도 <u>현대의학(병원치료), 자연의학(자연치유력), 마음의학(거듭남)</u> 가운데 살아계신 하나님의 손으로 보이지 않는 믿음의 치유인 마음의학을 바탕으로 해서 균형이 잘 이루어지면 癌치유는 절대적이라 할 수 있다는 것이 '트라이앵글 이론'이다.

이들의 균형이 잘 이루어지려면 마음의학의 뿌리인 살아계신 하나님의 보이지 않는 손을 믿고 어느 한 면도 소홀함 없이 평형을 이루어야 한다. 즉 육신의 현대의학 33.3%, 창조의 자연의학 33.3%, 믿음과 능력의 마음의학 33.3%의 비율은 절대적이다. 어느 것도 이 범위를 벗어날 수 없음은 말할 것도 없고 보이지 않는 하나님의 치유능력을 믿는 바탕에서 각각의 범위가 그들의 최대치 33.3%를 벗어나는 경우는 트라이앵글의 아름다운 소리는 무너지고 사라지는 것이다. 곧 죽음이다. 고로 트라이앵글 이론의 최대 목적은 살아계신 하나님의 은혜 속에서 보이지 않는 손의 힘을 믿고 따름으로서 질병(癌) 치유의 확률을 높이는 것이다.

그러기 위해서는 각각 자기의 영역에서 최대치 33.3%를 이루도록 노력해야 하며 마음의학의 뿌리인 하나님의 능력을 믿음으로써 사랑하고 감사하는 마음을 갖고 교만하거나 부정적인 생각을 버리고 서로 존중함으로써만이 질병(癌) 치유의 확률을 높일 수 있다. 여기서 꼭 지켜야 할 것이 있다. 즉, '트라이앵글 이론'에서는 사람을 영혼(생기)과 육(흙)으로 보아서 형이하학적 물질(육의 세계)인 육신을 보고 진단과 치료하는 현대의학과 형이상학적인 영혼(영의 세계)을 진단과 치료 없이 믿음만으로 살아계신 하나님의 보이지 않는 손에 의한 치유로서 자연의학과 마음의학이 있다. 이는 아주 중요하다. 이를 인정하지 않으면 목표달성이란 희망 사항이요 욕심이지 치유는 절대 이룰 수가 없다. 현대의학은 보이는 것이요, 자연의학은 보이기도 하고 보이지 않기도 하지만 보이지 않는 하나님의 마음과 법인 마음의학은 절대적인 능력이다. 예를 들어보자! 현대의학의 영역으로서 육안으로 확인된 癌세포를 수술로써 제거했다.

수술은 성공적이었다. 현대의학적으로는 완벽하게 33.3%를 다 이루었다. 이제 부터는 보이지 않는 자연의학과 마음의학의 치유세계가 해야 한다.

전지전능하신 하나님의 피조물로서 사람에게 준 자연치유력(신의 선물)으로 육안으로 볼 수 없는 놀라운 하나님의 치유 능력으로 수술부위의 상처가 아물어 봉합되는 것은 하나님의 놀라운 힘이다.

癌으로부터 살아남는 사람의 유형에 속하려면 먼저 치유하는 자연의학으로 환경정비*와, 치료하는 현대의학으로 시간벌기**, 그리고 믿음과 능력인 마음의학으로 나 자신의 거듭남***을 해야

---

* 자연요법인 햇빛, 공기, 물, 흙, 숲, 자연 먹거리, 식습관, 생활습관, 마음습관 등
** 3대 요법인 수술, 방사선, 항암제 등
*** 긍정적 마음인 순종, 믿음, 신념, 사랑, 감사, 고마움, 기쁨, 행복, 웃음 등

한다. 초기의 癌일 경우 시간벌기를 하지 않아도 환경정비와 거듭남만으로도 충분히 대처할 수 있다. 다만 육안으로 쉽게 발견할 수 있는 단계가 되면 환경정비만으로는 癌의 진행을 따라잡지 못할 경우도 많기 때문에 동시에 시간벌기도 필요하다. 즉 대부분의 경우 시간벌기 위한 최소한의 방책을 실시하면서 동시에 최대한의 환경정비를 하게 되는 것이다. 그러나 현실에서는 대부분 시간벌기에만 열중하는 사례가 많다. 그렇게 되면 당연히 癌이 재발 또는 전이될 확률이 높아진다. 시간벌기를 한 이상 그 귀중한 시간에 기적만 바라보며 팔짱만 낀 채 가만히 있지 말고 열심히 환경정비를 위해 노력하지 않는다면 시간벌기를 할 의미가 전혀 없다.

그러면 실제로 어떻게 해야 좋을까? 간단히 말하면 癌세포가 증식하지 못하고 전이되지 않는 방법이 필요함을 결코 잊지 말아야 한다. 癌세포가 몸속에서 증식하려면 그에 맞는 환경이 필요하다. 癌세포는 일반적으로 자연환경 속에서는 거의 증식을 하지 못한다. 다만 만에 하나 환경정비가 癌세포 증식속도를 따라잡지 못할 때는 직접 癌세포를 처치하는 방법도 필요하다. 그럴 경우에는 시간벌기에 해당하는 3대 요법인 수술이나 방사선, 항암제 등의 무기가 일정기간 필요하다. 시간벌기는 자신의 힘으로 할 수는 없지만 환경정비는 자신의 노력으로 가능한 것들이다. 자연의 섭리에 순응하는 동물적인 생활방식으로 '숨 잘 쉬고, 밥 잘 먹고, 잠 잘 자고, 똥 잘 싸면'(숨·밥·잠·똥) 癌으로 죽지는 않는다.

癌은 스스로 치료하는 병이다. 癌은 癌이 자랄 수밖에 없는 환경에서 발생하기 때문에 癌이 살기 어려운 환경(癌세포가 싫어하는 짓거리)을 만들고 유지하면 癌은 더 이상 증식하지 않고 소멸의 길을 걷게 된다. 문제는 癌환자의 몸이 이미 癌이 살기 유리한 환경(癌세포가 좋아하는 짓거리)이라는 것이다. 그런 이유로 환경을 바꾸어 주어야 한다. 癌이 살기 어려운 환경을 만들기 위해서는 신체를 바꾸어 나가야 한다. 결국 최종적으로 癌을 치유하는 것은 자신의 자연치유력 즉, 하나님의 보이지 않는 손이다. 따라서 자연치유력을 높이기 위해 믿음으로 할 수 있는 일은 기도와 더불어 무엇이든 해야 한다. 또한 지속적으로 하는 것이 중요하므로 자기 자신의 믿음이 치료의 주인이라는 사실을 깨닫고 스스로의 힘으로 적극적으로 실행하지 않으면 癌을 이겨낼 수 없다.

(1) 현대의학(병원치료) - 시간벌기 (33.3%)

사람 손(육신)에 의한 병원치료는 응급처치를 한다고 보면 된다. 일단 큰불은 끄고 봐야 한다. 그러나 불씨까지는 완전히 제거할 수는 없으므로 불씨가 다시 살아나지 않게 하는 또 다른 방법이 필요하다. 특히 癌치료와 치유는 시간벌기인 응급처치(수술, 항암제, 방사선)로 癌을 완전히 소멸시켰다고 생각하는 것은 희망 사항일 뿐이다. 현대의학인 병원치료에만 집착하지 말고 적절한 선에서 타협 점을 찾는 것이 필요하다.

수술을 할 수 있는 경우라면 수술을 하는 것이 좋다. 다만 가능한 한 확대수술보다는 축소수술이 바람직하며 항암 화학요법은 상황에 따라 내 몸이 견딜만한 정도로 하는 것이 바람직하다. 항암제의 종류에 따라 투여 횟수가 다르지만 화학요법을 계속하게 되면 癌은 반 항암제 유전자를 만들어내 더 강한 癌으로 자리매김할 수 있다. 즉 항암제에 대해 내성을 갖게 된다는 뜻이다. 그러면 항암제는 통상 기대한 효과를 내지 못하고 癌을 키우는 역기능을 하게 될 수도 있음을 유념해야 한다. 방사선요법은 국소요법으로 제한된 범위 내에서만 사용할 수 있다. 癌이 광범위하게 흩어져 있거나 癌의 크기가 크거나 전이된 경우 통상 국소요법인 방사선치료가 효과를 발휘하기 어렵다고 본다.

현대의학은 철저하게 검사를 통해 질병을 분석하고 그에 합당한 의사의 소견에 따라 증상치료를 하는 것 외에는 할 수가 없다. 그 예로 癌수술을 성공적으로 마치고 나서는 현대의학은 환자를 잘 관리해야 하고, 환자는 내 몸 안에 있는 자연 면역력으로 하나님의 보이지 않는 손에 의한 능력을 기다리는 것이다.

현재 우리나라 의료체계에서는 의사와 환자 모두가 자연의학과 마음의학은 엄두도 못 낸다. 몰라서가 아니라 할 수 있는 진료체계가 용납하지 못하는 게 현실이다. 한편 현대의학이 이를 활용하지 않는 까닭은 현대의학은 대가성이 있고 책임이 따르고 경제성이 있으며 자연의학이나 마음의학은 임상에 의한 확실한 근거가 없고 경제성이 없으며 대가성이 없다는 이유를 들어 회피하고 있다. 그러나 자연의학이나 마음의학이 치료와 더불어 치유의 일석이조이면서도 대가성이 없어 환자에게는 더할 나위 없는 방법인데도 무시해 버리는 현대의학의 체계가 안타까울 뿐이다. 대가성이 없는 자연의학의 여섯 가지 전문가인 햇빛, 공기, 물, 흙, 숲, 자연 먹거리와 눈으로 보이지 않는 하나님의 손(능력)을 믿는 마음의학으로 내가 내 마음을 믿게 하는 말씀(신뢰)으로 면역체계를 회복하면 인체는 끊임없이 스스로를 재생시키는 놀라운 능력을 보여 준다. 이것이 바로 면역력을 바탕으로 한 살아 계신 하나님의 손 자연치유력의 놀라운 힘이다. 바로 생명을 품고 있는 자연은 수학과 물리학의 한계 밖에 있다. 말씀의 부분이 모여 합 이상이 되는 것이 생명이다.

(2) 자연의학(자연치유력) - 환경정비(33.3%)

태초에 하나님께서 창조하신 자연의 여섯 전문가는 대가성이 없으며 사람에게 소유가 아닌 잘 다스리라고 하셨다. 오늘의 우리 사람들은 정말로 잘 다스리라고 하신 하나님의 말씀을 어떻게 했는가? 지구 환경의 변화가 어떻게 변했는가? 다스리지 못한 우리들에게 경고의 메시지가 한계점에 달하고 있는 것은 아닌가? 깊이 깨달아야 한다고 생각한다. 마음의학의 뿌리가 하나님의 말씀이요 법이며 생각이라는 것을 말하고 싶다. 다시 한번 하나님의 말씀으로 천지를 창조하심을 되새겨 보아야 한다.

하나님께서 천지 창조를 하실 때 땅의 상태는 혼돈하고 공허하며 흑암이 깊음 위에 있고 하나님의 영은 수면위에 운행하시니라

처음 창조의 시작이 빛을 지으시고, 궁창을 지으시고, 바다와 육지를 지으시고, 풀과 채소와 나무를 지으시고, 해와 달과 별을 지으시고, 새와 물고기를 지으시고, 짐승과 육축과 곤충과 사람을 지으시고, 사람을 마지막으로 지으시며 말씀하시기를 사람에게 지금까지 지으신 만물을 맡기셨다. 하나님의 뜻은 잘 관리하라고 했지 소유해서 사람 마음대로 쓰라고는 안 했다는 것이다. 깊이 생각해 볼 일이다.

햇빛: 생명의 원천, 태양의 정기, 비타민D, 생육 원적외선
공기: 생명의 근원, 보이지 않는 음식, 산소, 질소, 음이온
물: 생명의 근원, 생명체, 약자성체, 자기기억소자, 미네랄, 무기질
흙: 생명의 원천, 지구의 자궁, 절대공평자, 미네랄
숲: 대기의 비타민, 피톤치드, 그린샤워, 세로토닌, 음이온
자연 먹거리: 기초에너지(씨, 열매, 잎, 줄기, 뿌리, 꽃)인 음식물, 햇빛, 탄수화물, 단백질, 지방, 섬유질, 미네랄, 비타민

태초에 하나님이 인간에게 주신 자연의 여섯 전문가를 근본으로 한 자연요법은 건강관리를 위해 완전하면서도 잘 조화된 자

연의학이라 할 수 있다. 첫째, 선천적인 생명의 에너지와 둘째, 후천적인 활동의 에너지로 질병의 치료·치유 및 예방을 위해 자연치유력과 적당한 기술이 조화를 이룬 예술이요 과학이다.

그 무엇보다 우선적인 것은 활동 에너지로서 햇빛, 공기, 물, 흙 등 4대 요소가 만들어 낸 자연 먹거리는 음식에 대한 것으로 사람은 일하기 위하여, 성장을 위하여, 정상적인 인체의 기능과 힘을 위하여, 그리고 활동 에너지를 만들기 위하여 음식을 먹어야 한다. 체내의 에너지는 탄수화물, 지방, 단백질로부터 얻어진다. 그중 그램당 탄수화물은 4Kcal, 지방은 9Kcal, 단백질은 4Kcal의 열량을 대사를 통해 방출하게 되며 이들 영양소는 개인이 섭취하는 음식에 따라 양상이 달라질 수 있다. 즉, 좋아하는 음식의 섭취와 식생활 습관에 따라 달라진다. 우리는 전체 에너지의 50%를 탄수화물로, 38%는 지방으로, 12%는 단백질로 섭취한다. 이중 에너지의 주원인 탄수화물과 지방이 퇴행성 질환을 일으키는 원인이 되기 쉽다. 신진대사와 성장 그리고 조직의 보수를 위해서는 적당량의 단백질, 미네랄, 비타민, 물, 그리고 산소가 필요하다. 물과 산소는 무시되기 쉬우나 생명을 유지하기 위해서는 항상 충분한 양이 공급되어야 한다.

음식물이 체내에서 에너지를 만들 때 발생하는 독소로 유리기(Free radical)라는 산화물질*이 발생하게 되는데 산화물질을 이루

---

* 유리기의 종류로는 Superoxide(O2'), Hydroxy Radical(OH'), Hydrogen Peroxide(H_2O_2), Lipid Hydroperoxide(과산화지질)

고 있는 분자는 구조적으로 양자와 그 주위를 싸고 있는 전자로 나뉜다, 전자는 제각기 짝을 이루고 있을 때 안정하다. 어떤 원인으로든 짝을 잃었을 때 분자는 안정 상태를 이루기 위하여 다른 전자를 찾는다. 이 불안정한 상태의 분자를 '유리기(Free radical)'라고 한다. 인체 내에서 이 반응이 계속된다면 모든 세포가 영향을 받을 수 있다. 구조적으로 파괴되거나 변형이 나타나며 유전인자까지도 파괴된다. 하나의 유리기는 단 몇 초간 존재하면서 없어질 수 있지만 인체에 대한 피해는 돌이킬 수 없다. 체내에서 에너지를 만들 때 세포 내의 미토콘드리아에서 부수적으로 생성되는 유리기로 체내에서 자체적으로 제거시켜야 하는 물질이다. 인체의 어느 부분이나 중요하지 않은 곳은 하나도 없듯이 세포 내의 각 부분도 모두 중요하지만 특히 중요한 것은 미토콘드리아이다. 그 이유는 인체가 필요로 하는 에너지는 모두 이곳에서 생성되기 때문이며 노화와 직접적인 관계가 있는 곳도 바로 미토콘드리아이기 때문이다. 미토콘드리아는 하나의 세포 안에 1,000~2,000개 정도가 된다. 이 세포 안에서 에너지의 생성이 이루어지고 부산물로 유리기가 생성된다.

인체를 이루고 있는 기본단위는 세포이며 인체는 약 60조의 세포를 갖고 있다. 따라서 건강하기 위해서는 인체를 이루고 있는 세포 하나하나가 자기의 역할을 충분히 해주어야 한다. 세포 안에는 세포핵을 위시하여 미토콘드리아, 리소좀, 골지체, 세포질 등 여러 가지 기능별로 구분이 되는 물질로 구성된다. 세포를 이루고 있는 물질들이 모두 정상이어야 하는 것은 틀림없으나 그중에서도 가장 중요한 것은 미토콘드리아(Mitochondria)의 상태다. 미토콘드리아는 힘을 만들어내는 공장이라 할 수 있다. 음식을 통하여 흡수된 탄수화물, 단백질, 지방을 연료로 하여 에너지를 생산한다. 연료를 태워서 에너지를 만들 때 산소가 필요하듯이 미토콘드리아도 에너지를 생산하기 위하여 산소를 필요로 한다. 그 때문에 체내로 흡수되는 산소의 90%를 미토콘드리아에서 소모시킨다. 그러나 모든 미토콘드리아가 똑같은 연료를 사용하는 것은 아니며, 뇌신경의 미토콘드리아는 포도당(Glucose)만을 연료로 사용한다.

뇌에는 140억 개의 신경세포가 있다. 체내에 존재하는 60조 개의 세포에 비하면 아주 적은 양이지만 뇌의 활동에는 대단한 에너지를 필요로 하기 때문에 혈액의 당 중 50%를 뇌신경세포의 미토콘드리아가 소모시키며 흡수되는 산소의 20% 정도를 소모시킨다. 또 다른 기능으로서 미토콘드리아의 기능은 세포와 조직에서 행해지는 칼슘은 단순한 뼈나 치아의 구성 성분으로만이 아니라 생명을 유지하기 위해 대단히 중요한 성분이다. 생명을 유지하기 위하여 가장 중요한 것은 혈액인데, 혈액은 전해질의 균형으로 약알칼리성(PH7.35-7.45)을 유지하여야 건강할 수 있다. 이를 유지하기 위해 미네랄 중 가장 중요한 역할을 담당하는 것이 칼슘이다. 대가성이 없는 자연의 여섯 전문가 햇빛, 공기, 물, 흙, 숲, 자연 먹거리와 인체의 자연치유력으로 모든 癌을 소멸시킬 수 있다고 생각하면 안 된다.

癌은 시간을 기다려주지 않는다. 우리 몸이 가지고 있는 본래의 자연치유력(면역력)이 발현되려면 많은 노력과 시간이 필요하다. 자연치유법은 무너진 기초(생활습관)를 다시 세우는 일에서부터 시작된다. 그것은 대가성이 있는 현대의학의 물질적인 것과 내가 마음먹기 나름인 마음의학의 정신적인 것이 완전한 조화를 이룰 때 가능하다. 현대의학인 병원치료는 화학적인 방법으로 문제를 해결하려고 하지만 자연의학인 자연치유요법은 생리학적인 방법으로 문제를 해결해야 한다. 이 문제를 풀려면 마음의학적인 정신과 현대의학적인 몸을 따로 분리해서는 안 된다. 자연의학인 자연치유요법을 통상 전인요법이라 부르지만 재활치료로서 단기간에 효과를 나타내지 못하는 단점이 있으므로 이의 보완을 위해서는 적절한 현대의학 병원치료가 필요하다.

(3) 마음의학(마음의 탯줄) - 거듭남(33.3%)

그러면 癌은 과연 치료할 수 있는 병인가. '그렇다. 癌은 내가 마음먹기 나름이다'가 그 답이다. 마음의학(거듭남)으로 부정적인 것을 긍정적으로, 닫고 사는 오감을 열고, 마음의 탯줄을 끊고 새롭게 거듭 태어났다는 마음 다스림이 필요하다. 모든 사람은 태어날 때 육신의 탯줄을 끊고 태어났지만 癌환자는 마음의 탯줄을 끊고 거듭나야 한다. 이는 아무리 강조해도 지나치지 않다. 마음 관리는 눈에 보이지도 않고 만질 수도 없으므로 상대적으로 소홀하기 쉽다. 마음이 정화되지 않으면 아무리 좋은 음식이나 약을 먹어도 기대하는 효과를 낼 수 없다.

마음의학의 근본은 살아계신 하나님의 마음이요 성령(聖靈)이다. 흔히들 마음을 비워야 한다고 말하는데 나는 생각을 달리한다. 비운다는 것은 절대적으로 동의하지만 비우면 채워야 한다. 그래야 癌세포가 좋아하는 부정적인 마음이 들어오지 못하도록 성령으로 가득 채워야 한다. 긍정적 마음(성령), 믿음, 순종, 사랑, 감사, 기쁨으로 말이다. 마음이 실제로 몸의 여러 반응을 이끌어 낼 수 있다는 사실은 이미 앞에서 누차 언급한 바 있다. 마음이 웃으면 몸도 웃는다. 같은 생각을 간절히 하나님께 기도를 계속해서 반복하면 보이지 않는 손이 실제로 몸에 작용하게 된다. 어느 癌환자가 매일 밤 잠들기 전에 癌을 내 몸 밖으로 쫓아내는 생각을 반복했더니 癌이 없어졌다는 것은 하나님의 마음(보이지 않는 손)이 특정한 물질에 작용하고 있음을 잘 나타내주는 사례이다. 웃음과 봉사, 나눔, 긍정적인 사고를 통해 얻은 기쁨은 몸에서 다양한 호르몬을 만들어 내 생리의 활성화를 촉진시킨다. 이런 작용들이 癌에게는 치명적인 요소로 작용할 수 있다. 정성과 사랑으로 만들어내는 생리활성물질이 몸속을 돌아다니면 癌은 점점 기력이 쇠해진다.

아울러 무원(無願)의 마음으로 "지금 이 순간 마음의 탯줄을 끊고, 오로지 숨·밥·잠·똥, 부정을 긍정으로, 오감을 열고, 누우면 죽고, 걸으면 산다, 과거도 없고, 미래는 아직 오지 않았다, 지금 이 순간 길이요 진리요 생명이신 예수그리스도를 내 마음속에 영접합니다."라고 나 자신과 약속해야 한다. 그 약속은 신념과 믿음에서 오는 것으로, 전지전능하신 창조주 하나님께서 '나'라는 유일한 피조물을 만들어주심을 감사해야 한다.

영접하는 자 곧 그 이름을 믿는 자들에게는 하나님의 자녀가 되는 권세를 주셨으니 (요한복음 1장 12절)

해설: 하나님의 관점에서는 '지금' 밖에는 없다. 그러나 하나님의 피조물인 사람에게는 최고수명이 120세로서 지금이 있고 과거도 있으며 미래가 있다고 생각한다. 전지전능하신 하나님은 시공을 초월하신 분으로 백년, 천년, 만년이 보이지도 않고 느끼지도 못하고 만질 수도 없는 4차원의 세계를 주관 하시는지라 하나님으로서는 항상 '지금 이 순간'만이 있을 뿐이다. 사람이 하나님을 믿고 예수님을 영접하는 때는 오로지 '지금 이 순간'뿐 전과 후가 없다.

결론적으로 말하자면 사람은 원초적인 죄로 인해 질병(癌)으로부터 벗어날 수는 없다. 그러나 사람을 창조하신 하나님만의 고유권한인 치료, 치유능력은 절대적으로 만드신 분의 마음과 뜻으로 역사 하시며 피조물인 사람이 할 수 있는 것은 눈으로 볼 수 있고 만질 수 있으며 느낄 수 있는 것을 사람의 손으로 치료는 할 수는 있으나 치유의 능력은 없다. 하나님이 태초에 사람을 만들 때 사람 몸에는 복구능력인 자연치유력(면역력)을 넣어 놓고 사람의 손을 빌어 치료하게 하고 하나님은 보이지 않는 손으로 치료와 치유를 하신다. 살아계신 하나님을 믿는 자에게는 치료와 치유를 보이지 않는 손으로 완벽하게 하시지만 믿지 아니하는 자에게는 치료하는 데 그친다. 어느 것을 택할 것 인가는 절대적으로 '내가 마음먹기 나름이다.'라고 할 수 있다.

트라이앵글 이론에 따른 성인병치료와 치유

현대의학에서 성인병이라 일컫는 질병으로서 대표적인 것이 암, 당뇨병, 고혈압, 심혈관계 질환을 일컫는 말로 인간의 성년이 아닌 질병의 성년을 의미한다. 질병은 크게 두 가지로 나눌 수 있다. 뿌리를 가지고 있는 것과 뿌리가 없는 것이 그것이다. 뿌리가 있는 것은 오랜 세월 자라난 만성병이요, 뿌리가 없는 것은 갑자기 발생한 급성 병이다. 뿌리 있는 만성병은 눈에 띄지 않게 은은히 성장하고 번창하다가 성숙하면 밖으로 나타나는 병으로서 이를 성인병이라고 한다.

뿌리 없이 갑자기 나타나는 병으로서 감기, 설사, 식 체, 식중독, 음독, 교통사고 등 내상, 외사에서 발생하는 것 등이 대표적이다.

뿌리가 있는 병은 하나같이 기·혈·음·양(氣·血·陰·陽) 부족이 극심한 체질적이고 선천적이며 원초적인 죄로서 태어나면서부터 씨앗이 생기고 움트며 싹이 발생하고 줄기가 이룬 다음 성숙해지면 가지를 치고 마침내 잎과 꽃이 피어서 밖으로 나타내는 것이 성인병이다.

이제 성인병이 무엇인지는 윤곽이 뚜렷해진 것이다. 그것은 뿌리와 지엽으로 형성된 선천적으로 고질적인 병이자 만성병인 것이다. 현재 우리는 3차원의 세계(線과 面과 空間)에서 살고 있는 현대의학은 지엽은 관찰하고 다스릴 수 있으나 4차원의 세계(線과 面과 空間과 全知全能하신 하나님의 보이지 않는 손)로서 이미 옛날부터 존재하고 있는 살아 계신 하나님의 마음과 능력이 아니고서는 뿌리는 전혀 관찰할 수도 다스릴 수도 없는 것이다, 모든 성인병은 뿌리에서 발생하는지라 뿌리를 다스리지 못하면 일시적 치료는 가능하나 치유는 안 되는 것이다.

인체는 나무의 생리와 너무도 닮았다. 나무는 뿌리가 생산한 수분을 먹고 살듯이 인체는 오장육부가 생산한 혈기(血氣)를 먹고 산다.

4차원적인 오행주류명식(五行周流命式)은 하나님이 사람을 만들 때 흙으로 빚으시고 그 코에 생기를 불어넣음으로써 생령이 되듯이 우리 인간은 잉태되어 모체로부터 분리돼서 세상으로 나올 때 육신의 탯줄을 끊는 순간 울음과 함께 선천적인 체질을 갖고 태어난다. 그때 그 첫울음이 곧 하나님이 그 코에 생기를 불어넣어 생령이 됨과 똑같다.

피는 곧 너의 생명이다. 이미 여러 차례 밝혔듯이 모든 병은 피(血)로 인한 혈허(血虛)가 기본이지만 혈허(血虛)의 원인은 체질마다 다른 것이다. 봄 태생의 木체는 氣허해서 혈허(血虛)가 발생하듯이 여름 태생의 火체는 水허가 원인이며 가을 태생의 金체는 혈이 부족한 것이 원인이요 겨울 태생의 水체는 火허가 원인인 것이다. 병을 만들어내는 것은 혈허(血虛)가 근원이지만 혈허(血虛)가 발생하는 원인은 한 가지가 아닌 네 가지다. 혈허(血虛)를 해결하려면 체질에 의한 원인부터 해결해야 한다. 모든 병은 증상을 떠나서 체질과 뿌리위주로 다스리는 것이다. 동시에 모든 병은 하나같이 네 가지로 분류된다. 당뇨병만도 木체의 당뇨는 氣병인데 반해서 金체의 당뇨는 血병이며 火체의 당뇨는 水병인데 반해서 水체의 당뇨는 火병인 것이다. 당뇨뿐이 아니고 모든 성인병의 경우도 똑같다. 혈허(血虛), 기허(氣虛), 수허(水虛), 화허(火虛) 네 가지뿐이다.

사람을 나무와 비교해보면 육신의 현대의학에서 관찰할 수 있는 것은 표면화된 줄기, 가지, 잎, 꽃, 열매다. 예를 들면 당뇨는 당이 꽃이요 잎이듯이 두통, 요통, 관절통은 통증이 줄기요 가지다. 현대의학은 줄기, 가지, 잎, 꽃, 열매를 보고 병을 관찰하며 보이는 증상을 바탕으로 치료하는 증상치료의 기본이자 전부인 것이다. 보이지 않는 것은 실체를 찾기 위해 각종검사를 비롯해 MRI, CT, X-Ray 등으로 확인해서 보이는 것을 치료하는 것이다.

창조의 자연의학과 믿음과 능력의 마음의학은 보이지 않는 뿌리를 바탕으로 한 원인치유로 사람은 원초적으로 하나님으로부터 받은 신의 선물 자연치유력 즉 면역력을 이용한 치유의학으로 보이지 않는 하나님 손에 의한 믿음의학이기도 하다.

* 四次元의 世界는 믿음의학

열 명의 나병 환자를 고치심(누가복음 17장 11절~19절)

예수께서 예루살렘으로 가실 때에 사마리아와 갈릴리 사이로 지나가시다가 한 마을에 들어가시니 나병 환자 열 명이 예수를 만나 멀리 서서 소리 높여 이르되 예수 선생님이여 우리를 불쌍히 여기소서 하거늘 보시고 이르시되 가서 제사장들에게 너희 몸을 보이라 하셨더니 그들이 가다가 깨끗함을 받은지라 그중의 한 사람이 자기가 나은 것을 보고 큰 소리로 하나님께 영광을 돌리며 돌아와 예수의 발아래에 엎드리어 감사하니 그는 사마리아 사람이라 예수께서 대답하여 이르시되 열 사람이 다 깨끗함을 받지 아니하였느냐 그 아홉은 어디 있느냐 이 이방인 외에는 하나님께 영광을 돌리러 돌아온 자가 없느냐 하시고 그에게 이르시되 일어나 가라 "네 믿음이 너를 구원" 하였느니라 하시더라.

"癌 내가 마음먹기 나름이다."는 참된 믿음으로 네 믿음이 너를 구원함이다.

　본문에서 고침을 받은 열 사람 중 한 사람과 아홉 사람은 예수
님께서 확실하게 구별을 하였다. 믿음이란? 참된 믿음이 있고, 제
한된 믿음이 있다. 고침을 받았어도 그중의 한 사람은 감사하는
참된 믿음으로서 치유의 개념이고, 아홉 사람은 제한된 믿음으
로서 치료의 개념으로 본다. 치료는 三次元이고 치유는 四次元
으로서 의미는 같으면서도 다른 것이다. 감사하는 참된 믿는 자
의 수효는 언제나 적으니 이것이 사람의 암흑면(暗黑面)이다. 예수
를 믿는 기독교인들이 나는 어디에 속하는지 깊이 생각해 볼 일
이다.

　마음의학은 곧 믿음의학이라 할 수 있다. 우리는 지금 三次元
의 세계에서 살고 있으며 四次元은 창조주 하나님만이 할 수 있
는 능력으로 우리 인간으로서는 도저히 믿기지 않는 마술 같은
세계이기 때문이다.

　그러나 이것은 마술이 아닌 현실임을 입증하려 한다.

　지금까지는 각각의 분야별로 치료, 치유의 역할을 말하였다.
그렇다면 치료는 현대의학과 자연의학의 분야에서 말하였으나
이들을 뒷받침하는 마음의학의 근본 뿌리가 무엇인지 어디에 있
는지 말하고자 한다. 현대의학과 자연의학은 三次元의 세계이고
마음의학(믿음의학)은 四次元의 세계다. 우리는 지금 三次元의 세
계에서 살고 있다.

이해를 돕기 위해서 一次元, 二次元, 三次元, 四次元의 개념을 쉽게 설명하면 一次元은 線으로서 철도 길로 보고, 二次元은 線과 面으로서 철도길, 자동차 도로, 고속도로로 보고, 三次元은 線과 面과 空間으로서 철도길, 자동차 도로, 항공로로 보면 된다. 四次元은 線과 面과 空間과 스스로 계신 자 하나님으로서 온 우주만물을 창조하신 절대자이자 만능자가 되시며 무엇이든 생각하는 대로 말씀으로 모든 게 이루어진다. 이와 같이 하나님의 아들 예수님을 참되게 믿는 것이 믿음의학인 것이다.

> "믿음"은 들음에서 나며 들음은 그리스도의 말씀으로 말미암았느니라. (로마서 10장 17절)
>
> "믿음"은 바라는 것들의 실상이요 보이지 않는 것들의 증거니 믿음으로 모든 세계가 하나님의 말씀으로 지어진 줄을 우리가 아나니 보이는 것은 나타난 것으로 말미암아 된 것이 아니니라(히브리서 11장 1,3절)

해설: "믿음"이라는 말 자체가 하나님의 말씀을 믿는다는 것이다. "믿음"은 인간 측에서 막연하게 하나님을 찾아가는 것이 아니라 하나님 측에서 사람을 찾으시는 부름에 대하여 응답함이다. 하나님께서 사람을 찾으시는 발언은 기독교 성경 이외에는 없다.

하나님의 보이지 않는 것들이란 우리의 눈으로는 볼 수 없는 것으로 하나님과 그의 능력과 하늘에 있는 것들을 가리킨다. 그러나 이들에 대하여 하나님이 우리 마음속에 주신 믿음은 그 증거품이다. 그 이유는 믿음이란 것은 단순한 심리작용이 아니고 하나님의 말씀과 성령으로 말미암은 선물이기 때문이다.

우리 인간은 어쩔 수 없이 믿음이 99%로서 1% 모자라는 어리석은 죄인들이다. 성경 말씀만이 100% 완전하다. 사람이 생각하기에는 1%가 아주 미약하고 작게 보이지만 하나님은 1%가 아주 크게 보이고 적당히 그냥 넘어가지 않는다. 육신의 세상에서 우리 눈에는 1%가 아주 작은 것으로 보이지만 원죄는 99%를 한 번에 무너트리는 것을 하나님은 늘 보고 계신다.

믿음은 완전한 순도 100%이어야 한다. 예수님의 원함은 완전한 믿음과 순종이어야 하며 1% 모자라는 99%도 용납하지 않는다. 모든 주권이 100% 하나님께 있으며 하나님의 음성을 들음이 생명의 길이다. 이를 증명하는 대표적인 말씀으로 믿음, 소망, 사랑이라 했다. 포괄적인 의미로서 믿음은 하나님의 뜻으로 과거를 일컬음이고 성경의 말씀이다, 소망은 미래로서 예수님의 재림을 기다리고 바라보는 것이며, 사랑은 현재로서 이웃을 사랑하라 했다. 그중 제일은 사랑이라 했다. 하나님은 사랑이시다. 영원하다. 조건이 없다. 신실하다. 무조건적이다. 아가페 사랑이다. 이는 하나님의 은혜, 긍휼, 평강을 베푼다. 그러나 인간의 사랑은 조건적이고 순간적이며 자기중심적이며 자아로서 내면 지향적이고 자기함몰이다. 곧 병이 된다.

四次元 세계의 대표적인 것이 보이지도 않고 느끼지도 않고 만질 수도 없는 '공기'를 들 수 있다. 三次元 세계에서 보면 공기는 산소(O2) 20% 질소(N) 80%라고 과학자는 밝히고 있다. 그러나 四次元의 세계는 다르다. 물질인 산소(O2)와 질소(N) 80% 외에 하나님의 보이지 않는 손 은혜, 긍휼, 평화가 있음이다.

四次元은 무엇이든 마음대로 할 수 있는 만능자라 했다. 그와 같이 하나님은 모든 것을 자유자재로 할 수 있는 전지전능하신 분인 것이다.

인간을 비롯한 만물은 반드시 물질에 의해서만이 먹고살며 행동하고 만들 수 있는데 반해서 하나님은 그 아무것도 없이 스스로 살고 행동하며 만들어내는 것이다. 닭이 있어야 알을 낳는 게 아니고 닭 없이 알을 만들 수 있으며 사람을 통해서 사람을 잉태하는 것이 아니고 사람 없이 사람을 잉태하는 것이다.

그것은 마치 달걀 속의 노른자위를 손 하나 건드리지 않고 먹는 것과 똑같다. 비유가 잘 맞는지는 모르겠으나 나의 확실한 믿음으로서 하나님은 예수님을 통해 참된 믿음만 있으면 안 될 것이 없다는 것이다.

"여호와께서 이르시되 나의 영이 영원히 사람과 함께 하지 아니하리니 이는 그들이 육신이 됨이라 그러나 그들의 날은 백이십 년이 되리라 하시니라.(창세기 6장3절)"

"우리의 연수가 칠십이요 강건하면 팔십이라도 그 연수의 자랑은 수고와 슬픔뿐이요 신속히 가니 우리가 날아가나이다.(시편 90편 10절)"

해설하여보면 육(肉)의 세계와 영(靈)의 세계에서 보면 인생의 무상하게 된 원인을 보여준다. 인간 무상의 원인은 인간의 원초적인 범죄이다. 그가 범죄치 않았다면 영생할 것이었다. 그가 범죄 하였으므로 그는 하나님의 진노 아래 처하여 단명하게 되었으며 또 비애로 지나게 된 것이다. 그러므로 사람이 그 단명과 비애를 치료하는 길은 오직 회개하고 속죄를 받는 길밖에 다른 방법이 없다.

6. 활동 에너지의 원료 - 햇빛, 공기, 물, 흙

(1) 햇빛과 비타민D

'햇빛 비타민'이라고 불리는 비타민D를 얻을 수 있는 가장 중요한 방법은 태양이다. 비타민D는 체내의 칼슘과 인의 대사에 필수 물질이다. 햇빛에 대한 노출은 경이로운 비타민D를 빠른 속도로 우리의 신체에서 생산한다. 단지 12분 정도 노출에 3,000IU의 비타민D를 생산할 수 있으며, 30분이면 20,000IU까지 생산할 수 있다. 다만 비타민D는 햇빛(태양광)의 자외선B가 피부에 직접 닿아야만 생성되기에 유리나 옷 등으로 가려져 있으면 자외선B가 피부에 직접 닿지 않아 비타민D가 생성되지 않음을 기억해야 한다.

인체 내에서 비타민D의 역할은 강력한 스테로이드 호르몬이며, 그것은 약 200여 개의 유전자에 영향을 주어 유전자의 발현에 도움을 준다. 신체의 많은 세포와 조직, 기관들이 비타민D에 대한 수용체를 가지고 있어서 비타민D가 전신을 통해 순환하고 있으며, 대부분의 조직과 세포에서 수리와 유지의 기능을 하고 있다는 사실이 최근 많은 연구자들에 의해 발견되고 있다. 비타민D는 지용성 비타민이므로 지방세포에 흡수되어 저장된다. 특히 주목할 것은 17가지 암의 위험을 감소시키는 효과가 있다는 것이 확인되었다. 연구에 의하면 비타민D의 결핍은 대장암, 유방암, 전립선암, 방광암, 식도암, 위암, 난소암, 직장암, 신장암, 자궁암, 자궁경부암, 담낭암, 후두암, 구강암, 췌장암, 비호지킨 림프종, 호지킨 림프종 등이 연관이 있을 것으로 추정되고 있다.

(2) 공기와 음이온

깨끗한 공기는 '음이온(-)'이 풍부한 공기를 말한다. 태초부터 인간은 지금까지 숨을 쉬지 않으면 생명이 끊어지게 되어 있다. 우리 인간은 밥은 며칠 굶어도 살 수 있으나 공기가 없어서 단 몇 분만 숨을 쉬지 못하면 살아 있기 어렵다. 이처럼 공기는 사람에게 있어 생명 그 자체인 것이다. 깨끗한 공기는 음이온(-)이 풍부하고, 양이온(+)이 많은 공기는 건강에 문제를 야기한다. 계곡 근처나 숲이 우거진 산의 공기는 음이온(-)이 많은 깨끗한 공기이고, 대도시나 인구가 밀집되어 있는 지역의 공기는 양이온(+)이 많은 오염된 공기이다. 우리가 생활하는 주택, 특히 아파트의 공기는 대부분 양이온(+)이 많은 공기라 할 수 있다. 음이온(-)은 정신을 안정시키고 호흡기의 기능을 높인다.

　음이온(-)은 인체의 생리작용을 좋게 하고 세포를 활성화하여 자연치유력을 높인다. 음이온(-)은 부교감신경을 우세하게 하여 심신이 안정되고 맥박을 안정시키고 혈관을 확장하여 혈류를 촉진하고 혈압을 내리고 소화, 흡수, 배설을 촉진하고 피로를 회복시킨다. 음이온(-)은 산성화된 체질을 중화시켜 건강을 되찾아 주는 역할을 한다. 또한 혈액에 산소공급을 늘려 세포조직을 활성화시켜 신진대사를 원활히 한다. 음이온(-)은 혈액 정화작용, 세포부활 작용, 면역력 증강, 자율신경 조정, 통증완화 작용을 하여 궁극적으로 사람을 건강하게도 한다.

　이처럼 음이온(-)은 건강과 밀접한 관계가 있는데 癌환자들은 음이온(-)을 방출하는 숲과 계곡에서 깨끗한 공기를 받아들여 호흡(배꼽 숨)을 해야 빠르게 癌치료를 할 수 있다.

(3) 물은 몸이다

사람의 몸은 70%가 물이다. 사람이 형성되는 최초의 시기인 수정란 때는 99%가 물이다. 물의 비중은 금방 태어났을 때는 90%, 완전히 성장하면 70%, 죽을 때는 50% 정도가 된다. 그렇게 사람은 태어나서 죽을 때까지 거의 물 상태로 살아가는 것이다. 물질적으로 볼 때 사람은 물이다. 이것은 전 세계의 모든 인간에게 공통되는 진실이다.

여기서 물의 효능을 살펴보고자 한다. 물은
- 체내의 모든 공간을 채우며 모든 세포와 조직을 연결하고,
- 세포의 형태를 유지하고 혈구를 수송하며 대사 작용을 유지하며,
- 혈액과 조직액의 순환을 유지하고,
- 섭취한 모든 영양소를 용해, 흡수, 운반해서 각 세포에 공급하며,
- 체내의 독성물질과 산성노폐물을 체외로 배설하고,
- 혈액 내 산과 알칼리의 평형을 조절하며,
- 체온을 조절하고
- 단백질(아미노산, 효소, 호르몬, 항체)을 품고 있으며 유전자(DNA)의 손상을 방지하거나 회복하며,
- 폐 속에 산소를 집약하고 적혈구가 산소를 품을 수 있는 능력을 높여 헤모글로빈을 증가시키고,
- 척추디스크나 관절에서 충격을 흡수하는 완충제와 윤활제

역할을 하고,

- 뇌의 활동 기능에서 전기적인 에너지를 활성화하며,
- 세로토닌과 멜라토닌과 같은 호르몬의 생산에 관여하면서 수면 리듬을 회복하고,
- 피부의 노화를 방지하고 눈을 맑게 하며,
- 골수 내의 혈액 생산 시스템을 정상화시켜 각종 감염과 암세포에 대항할 수 있는 면역시스템의 효능을 높인다.

이러한 이유로 다음과 같은 결론을 얻을 수 있다.

- 어떠한 동물도 물 없이 살 수 없다.
- 상대적으로 물이 부족할 경우 처음에는 압박을 받던 일부 기관들이 결국 기능을 잃게 된다.
- 물은 에너지의 원천이다. 인체의 '현금자원'인 것이다.
- 물은 체내 모든 세포의 내부에 전기적 에너지와 자기적 에너지를 생성하며 인체는 그로부터 살아갈 힘을 공급받는다.
- 물은 세포구조의 건축설계에 있어서 강력접착제 역할을 한다.
- 물은 DNA의 손상을 예방할 뿐 아니라, 손상된 DNA의 회복 메커니즘을 보다 효율적으로 적용시킨다. 따라서 DNA의 변형을 줄여준다.
- 물은 골수 내 면역체계의 효능을 크게 증강시키며, 여기에는 암에 저항하는 효능도 포함된다. 골수는 면역체계가 형성되는 곳이다.

- 물은 모든 음식과 비타민, 미네랄을 용해시키는 용제이다. 음식물을 잘게 부수어 음식물의 대사와 소화흡수에 도움을 준다.

우리는 미네랄이 풍부한 물을 먹어야 한다. 미네랄은 생명을 유지하고 성장시키는 물질로서 그 안에 있는 성분 중 칼슘과 인은 뼈를 구성하며, 마그네슘, 나트륨, 칼륨은 인체의 균형을 유지한다. 따라서 구리, 아연, 코발트, 망간, 셀레늄, 게르마늄 같은 미네랄이 풍부한 물을 마시고 특히 알칼리성 물을 먹어야 한다. 정상인의 혈액은 pH7.4의 약알칼리성이나 공기오염, 단백질, 지방의 과잉섭취나 스트레스로 혈액이 산성화되어 피가 탁해지므로 피를 해독시키는 육각수를 마셔야 한다. 보통 물은 분자가 5각형 구조인 오각수이나 육각수의 비율이 높을수록 癌세포가 자라지 못한다. 물의 온도가 낮을수록 육각수의 농도가 높아져 시원한 물을 마셔야 하며 활성산소를 가진 육각수를 마셔야 한다. 우리가 마시는 산소의 2%는 활성산소로 변하는데 활성산소는 쌍을 이루지 못한 전자를 갖고 있어 다른 물질로부터 전자를 빼앗아 안정시키려고 조직, 세포, 세균을 가리지 않고 반응하고 결합하여 파괴하므로 활성산소로 인한 癌환자는 활성산소를 없애 주는 육각수를 하루에 2~3 리터 이상 마셔야 癌을 이겨낼 수 있다.
그 예로 아이가 태어날 때 30조 개의 세포를 가지고 물(양수)에서 태어나며 어른이 되면 60조 개의 세포로 늘어나게 된다. 하나의 세포 속에는 10개 정도의 미생물이 살아가고 있으므로 사람의 인체는 60조 개의 세포와 600조 개의 미생물로 이루어져 있다. 따라서 육각수를 하루에 적당량 이상을 마셔야 건강한 세포와 건강한 미생물로 재생되어 면역력이 강해져 癌을 이겨낼 수 있다.

(4) 흙과 사람은 한 세포, 움직이는 땅

'하나님이 사람을 땅의 흙으로 만들고 그 코에 생기를 불어 넣었다' (창세기 2장 7절)라고 성경에서 말하고 있다. 우리 인체를 이루는 원소는 54가지로서 지구(땅)를 이루고 있는 원소와 그 숫자가 같다. 그런데 여기서 산소, 탄소, 질소, 수소를 뺀 나머지 50가지의 원소가 모두 미네랄이다. 미네랄이 왜 그렇게 중요한가? 바로 생명의 출발 원소인 미네랄의 부족으로 인해 독소가 쌓여 질병(癌)이 발생한다.

사람은 움직이는 땅이라 할 수 있다. 흙과 사람은 한 세포이기 때문에 땅이 죽으면 움직이는 땅인 우리의 몸도 결국 죽게 된다. 그래서 뇌의 활성과 근육의 수축, 정신과 마음의 안정에 필수 불가결한 미네랄 이온이 땅과 식물과 육체에서 빠져나가게 되면 세포는 독소로 변한다. 이와 같이 독소가 되지 않으면 절대로 생활습관으로 인한 癌은 발병하지 않는다. 현재 한국의 젊은이들

(청년과 청소년)은 워낙 잘 먹어서 모두 다리가 길고 키도 크지만 힘이 없다. 체격은 좋은데 체력은 형편이 없는 수준이다. 미네랄이 부족하기 때문이다. 비료만 주어 키운 식물과 같다는 뜻이다. 에너지 영양소인 탄수화물, 단백질, 지방은 과도하게 섭취하면서 조절 영양소인 비타민과 미네랄은 턱없이 부족한 형편이다. 비료를 많이 주어 키운 식물과 같이 겉은 멀쩡하고 크지만 속은 비어 있는 식물과 같다.

제4장 癌치유의 원리

1. 내 병을 책임지는 것은 '나'

병을 만드는 사람도 치료하는 사람도 다름 아닌 자기 자신이라는 사실을 명심해야 한다. 이 세상에서 가장 중요한 것은 나의 몸과 마음이며 모든 것의 최우선은 나 자신이기 때문에 건강한 삶을 살기 위해서는 철저한 자기관리를 해야 한다. 내 몸을 알면 癌에 걸려도 癌을 치유할 수 있는 능력이 생긴다. 의사, 약사, 한의사는 그 분야의 전문가로서 대가성에 의한 '도우미' 역할을 할 뿐이다. 병을 만드는 사람도 치료하는 사람도 다름 아닌 자기 자신이라는 점을 깨달으면 놀라운 힘을 발휘하여 스스로를 개혁할 수 있으며 이를 통해 癌도 극복할 수 있다.

그러나 유감스럽게도 대부분의 환자들은 그렇게 생각하지 않는다. 환자들은 의사가 모든 책임을 지고 자신을 치료해 줄 거라 굳게 믿고 있다. 그 때문에 일말의 의혹도 없이 癌은 의사만이 치료할 수 있다는 잘못된 믿음에 사로잡혀 의사 앞에서 위축되기 쉬우며 자칫 올바른 의사소통조차 불가능해지고 의사가 권유하는 치료에 스스로를 맡기는 것이다. 하지만 불행하게도 환자와 의사 사이의 이런 암묵적 의존 관계는 현대의료의 부작용을 양산하는 원인이 되고 있다. 만일 환자가 '내 병을 책임지는 것은 나 자신이다'라는 사실을 자각한다면 스스로 책임을 지고 치료에 임한다는 의식을 가지게 될 것이다. 그렇게 되면 의사를 단순한 조언자(도우미)로 인식하게 되고 자신의 몸 상태가 효과적인 치료법을 판단해 나가는 가장 중요한 정보라는 사실도 깨닫게 된다.

실제로 환자는 검진을 받는 것 자체만으로도 공포를 느끼는데 혹 癌에 대한 공포가 심리적 스트레스로 작용해 癌을 유발시킨 사례도 적지 않다. 면역학적 관점에서 볼 때 만일 스스로 건강하다는 생각이 든다면 건강검진은 불필요한 일이다. 신체적으로 특별한 이상이 느껴지지 않는데 건강검진을 받으면서까지 병을 찾아낸다는 것은 자연의 섭리(창조주의 믿음)에 반하는 일이기도 하다. 실제로 면역력이 떨어지면 쉽게 피로를 느끼고 얼굴색이 나빠지거나 몸이 차고 식욕이 없고 잠을 제대로 못 자는 등 피로(疲勞)와 피곤(疲困)의 증상들이 나타난다. 이러한 증상이 나타나면 일정 기간 내 몸 관리를 위해 자연 휴식을 취하고 그래도 증상이 해소되지 않으면 전문가의 도움을 받는 것도 질병의 조기발견을 위한 현명한 방법이다. 인체의 언어를 외면하지 말고 건강한 몸

상태를 유지하기 위해 생활습관을 돌이켜 봄으로써 건강한 삶을 찾을 수 있도록 노력해야 한다.

· **피곤(疲困)**: 몸이나 마음이 지치어 고달픔
· **피로(疲勞)**: 무기력하고 지칠 때

항암화학 요법을 받는 환자들의 대부분이 느끼는 증상 중 하나가 피로이다. 무기력하거나 지친 느낌, 집중하기 어렵거나 의욕이 없어지는 것도 항암치료와 관련된 피로의 한 형태라 볼 수 있다. 일부 고용량 항암요법과 조혈모세포 이식을 받은 환자에서 피로감이 더 심하거나 오래 지속되는데, 이에 대한 원인은 아직 명확하게 밝혀진 게 없다. 대개 항암치료 종료 후 1년 동안 피로 증상이 가장 심하게 나타나는 경향이 있으며, 시간이 지나면서 서서히 회복된다.

* **만성피로증후군(chronic fatigue syndrome)**

특별한 원인도 없이 6개월 이상 심한 피로감이 지속되고 충분한 휴식에도 피로가 회복되지 않는 현상으로서 두통, 기억력과 집중력 감퇴, 근육통, 관절통, 목통증, 목과 겨드랑이 부위에 임파선이 붓는 현상, 잠을 자고 나서도 개운하지 않은 증세, 운동 후 피로감이 2시간 이상 지속되는 경우 등의 증세가 4개 이상 6

개월 이상 나타날 때 만성피로증후군이라 한다. 이는 곧 내 몸에서 보내는 인체언어로서 스트레스 증후군이며 암을 예고한다고도 할 수 있다.

* 텔로미어(telomere)

세포의 염색체 말단부가 풀어지지 않도록 보호하는 단백질 성분의 핵산 서열을 지칭하며, 세포가 한 번 분열될 때마다 그 길이가 짧아지며 그에 따라 세포는 점차 노화하여 죽게 된다.

* 아프다는 것은 몸에 문제가 있다는 신체언어

통증은 인체에 어떤 이상이 있다는 것을 알려주는 중요한 정보다. 따라서 통증이 있을 때는 어떤 문제로 인해서 그 통증이 생겼는지 근본적인 원인을 잘 살펴보아야 한다. 아픈 원인을 찾지 않고 통증을 느끼는 부위의 감각을 무디게 하거나 통증이 전달되는 경로를 차단하는 것은 좋은 치료방법이 아니다. 아프다는 것은 증상이지 원인이 아니다. 통증은 몸의 이상을 알려주는 경보장치다. 우리 몸에 있는 경보시스템으로서 어떤 이상이 있을 때 더 나빠지기 전에 경고를 해 주는 것이다. 경고를 받으면 즉시 통증의 근본원인을 찾아 치료를 해야 건강한 생활을 유지할 수 있음은 두말할 나위 없다.

2. 나의 몸과 마음

癌을 치료하기에 앞서 건강하게 삶을 유지하기 위해서는 자신의 몸과 마음 상태를 알아야 한다. 병원의 의사들도 오진할 때가 있는데 어떻게 평범한 사람들이 자신의 몸과 마음을 알 수가 있을까. 중요한 것은 모든 질병은 몸과 마음에서 시작하기 때문에 현대의학이 아무리 발달하고 약이나 약초의 치유력이 뛰어난다고 하더라도 결국은 내 몸 스스로가 병을 이겨내야 癌에서 해방될 수 있다.

병에 걸리지 않기 위해서는 항상 몸과 마음을 잘 다스리는 생활습관을 가져야 한다. 참으로 어려운 수행이지만 다른 방법은 절대로 없다. 몸과 마음을 혹사시키면 반드시 병에 걸린다. 누구를 탓하겠는가. 본인이 관리소홀로 만든 것인데. 이 세상에서 가장 중요한 것이 나의 몸과 마음이다. 모든 것의 우선은 바로 나 자신이기 때문에 건강한 삶을 살기 위해서는 철저하게 나를 알아야 하고 철저하게 나 자신을 관리해야 한다. 모르면 병에 걸린다. 나를 모르면 무조건 병에 걸린다. 필자도 20여 년간 나를 알기 위해 자연공부를 하고 있다. 그러다 보니 평생 약사로서 외길을 걸어왔지만 이제야 조금은 알 것 같다. 아직 늦지 않았다. 지금부터라도 전지전능하신 하나님의 '말씀'으로 창조한 자연공부를 하라고 권하고 싶다. 내 몸을 알면 癌에 걸려도 癌을 치유하는 능력이 생긴다. 그 능력은 태초에 창조주 하나님께서 사람을 창조할 때 스스로를 치료할 수 있도록 완벽하게 만들었다. 현대 의학이나 자연의학이 내 병을 책임지는 것이 아니다. 내 병이 치유되려면 자신의 몸과 마음을 알아야 한다. 자신의 몸을 잘 아는 사람은 바로 나를 만드신 창조주 하나님뿐이라는 믿음이 있어야 한다. 몸에서 일어나는 각종 신호음(신체의 언어)을 알고 있기 때문에 병의 치유 역시 자신이 스스로 치유하는 것이 바람직하다.

모든 병은 환자 자신에 달려 있다. 흔히 癌은 같이 살아야 한다고들 말한다. 이는 곧 癌은 내 몸과 교감하고 있다는 것으로 가만히 누워서 癌을 들여다보면 癌은 어느새 벗이 되어 나의 삶과 함께 동행할 것이다. 신체에 이상이 나타나고 질병이 발생되는 근본적인 원인은 잘못된 생활습관과 바르지 못한 먹거리를 섭취하는 것에서 비롯된다. 그러므로 무릇 건강을 회복하려는 사람들은 병세가 깊을수록 평소의 섭생에 대한 근본적인 개선 없이 단순히 약을 복용하여 치유되리라는 생각을 하여서는 허망한 몸부림에 불과하다. 긍정적인 마음가짐이야말로 모든 생명체가 가지고 있는 자연치유력을 극대화시켜 癌을 치유하는 근본이 되는 것이며, 따라서 모든 의술과 약재는 보조수단일 뿐이다. 건강이 나빠지게 된 원인 제공자는 바로 자기 자신이라는 것을 분명히 인식하고 건강을 회복할 수 있는 것도 오직 자신에게 달렸다는 점을 유념해야 한다. 다른 사람에게 의지하는 마음을 버리고 자연을 가까이하는 것부터 실천하고 반드시 낫는다는 신념을 가지고 생활하면 효과가 더욱 나는 법이다.

오늘날 현대의학이나 자연의학에 일시적인 효과를 보았다고 과거로 돌아가 안이한 생활을 하고, 효과를 보지 못하였다고 바로 포기해 버리는 환자를 많이 보게 되는데 이는 참으로 안타까운 일이다. 힘이 들어도 자신과의 싸움이다. 내 병은 내가 지켜야 하며 癌치료는 '내가 마음먹기 나름이다' 이건 진실이다.

3. 영혼과 육체

사람은 '생명의 에너지'(영혼)를 받고 태어난다고 한다. 어머니 배(자궁)에 들은 물속(양수)에서 사람 형체를 갖추고 10개월 만에 어머니의 문(자궁)밖을 나오면서 탯줄을 끊을 때 생명 에너지(영혼)가 몸 안으로 들어오게 된다. 어머니 문밖을 나오면서 천지의 운기를 받고 자연의 한 사람으로 태어나는 순간 숨도 자기 스스로 쉬어야 하고 잠도 스스로 자야 하고 똥도 스스로 싸야 한다. 오로지 먹는 것만은 어머니 젖꼭지를 물고 영양을 섭취하다가 밥을 먹으면서 영양을 섭취하게 되는데 이 영양분을 '활동 에너지'(육체)라고 한다.

사람은 '생명 에너지'와 '활동 에너지'가 조화를 이루며 살아가는데, 세월의 흐름에 따라 생명 에너지는 차츰 소모되지만 다시 받을 길이 없고 활동 에너지는 음식물에서 얼마든지 보급받을 수 있다. 이들 생명 에너지와 활동 에너지가 균형이 깨지면서 늙고 병들게 된다. 생명 에너지가 소모되어 가는 과정을 추정해 보면 사람이 태어나는 순간 체내의 수액 중 생명 에너지가 99%이고 활동 에너지는 1%로서, 어머니의 젖을 먹으면서 체세포가 분열하여 100일이 지나면 처음 태어날 때의 체세포는 모두 소멸되고 새로운 체세포로 바뀌게 된다. 백일잔치(백설기 떡)를 치르는 우리의 문화를 살펴보면, 우리 조상이 인체에 대한 지혜가 얼마나 과학적인지 알 수 있다.

혈액 세포의 수명 중 적혈구의 생존 기간이 100~120일이며 체세포의 평균 수명은 57일로서 적혈구의 수명이 가장 길다. 성장하면서 체세포는 120일을 주기로 소멸과 생성이라는 과정을 거친다. 그 예로 2살쯤 된 건강한 아기의 수액 검사를 해 보면 평균 생명 에너지가 80%이고 활동 에너지가 20%로 구성되어 있다. 아기들은 잠에서 깨어나면 잠시도 가만히 있지 않고 계속 움직인다. 그들의 활동과정이 운동선수가 하루에 뛰는 양보다 많다. 그러나 피로를 느끼지 않는다. 자고 나면 하루가 다르게 성장하던 아이들은 20세 전후가 되면 성장이 멈추는데 이때 생명 에너지는 50%, 활동 에너지는 50%가 된다. 이때부터 생명 에너지는 소모가 적어지고 활동의 에너지가 생명을 유지하는데 절대적인 역할을 하게 된다. 생명 에너지가 소모되면 다시는 재생되지 않으므로 관리(식습관, 생활습관, 마음습관)만 잘하면 건강한 삶으로 그 수명을 다할 수 있다.

사람의 최대 수명은 혈액 중 적혈구 세포 수명이 120일로서 혈액 수명과 같이 120세까지 살도록 창조되어졌다.(창세기 6장 3절 참조) 우리 몸에서 생명 에너지가 차츰 소모되다가 고갈되어 35%로 줄어들게 되면 육신은 다시 흙으로 돌아가고 나머지 15%가 그 사람의 영혼이 차지한다. 이 과정이 죽음이다. 사람이 죽었는데 죽었다 하지 않고 돌아가셨다 함은 어디서 왔기에 온 데로 가려 하는가?(창세기 3장 19절 참조) 자연의 뿌리를 찾아가는 것이다. 곧 천지창조 편에서 대우주는 곧 창조주 하나님이 만든 사실을 알게 되고 그 가운데 지구를 만들어 대우주의 중심이 되게 하여 사람들로 하여금 지배하고 살게 했으며, 하나님을 닮은 사람을 소우주라 하였다. 지구의 구성으로 5대양 6대주가 사람의 5장 6부와 같고, 지구 전체의 70~80%가 물이며 사람의 몸 또한 70~80%가 물로 이루어져 있다. 대 우주가 지구를 비롯한 목성, 화성, 토성, 금성, 수성과 해와 달, 일 년은 12달, 365일, 24절기를 사람의 5장 6부, 음(陰)인 임맥(任脈)과 양(陽)인 독맥(督脈), 12경락, 365경혈, 갈비뼈 24개로 미루어 보면 소우주라 할 만하지 않은가.(창세기 천지창조편 참조)

'자연의학이란 무엇인가?'라고 물으면 사람들은 전통의학과 현대의학의 차이를 의미하는 것으로 너무 쉽게 생각하고 있지 않은가. 나의 주장은 자연의 뿌리를 찾아야 한다고 말하고 싶다. 즉, 자연이 주는 여섯 가지 선물인 햇빛, 공기, 물, 흙, 숲, 자연 먹거리와 기초에너지로 씨, 열매, 잎, 줄기, 뿌리, 꽃, 자연의 운기로 육기현상-풍, 한, 서, 습, 조, 화(風, 寒, 暑, 濕, 操, 火) 사람의 감정으로 칠정-희, 노, 우, 사, 비, 경, 공(喜, 怒, 憂, 思, 悲, 驚, 恐)을 이용하고 순응하는 것이 진정한 자연의학인 것이다. 사람들은 모두 대가성이 없는 자연의 진정한 소리를 인정하지 않고 오직 대가성이 따르는 먹거리에만 눈이 어두운 현실이 안타깝다. 또한 먹피아, 의료피아, 제약피아, 관피아 등에 흠뻑 젖어 허우적거리는 현실을 보면 그 모두가 대가성을 치러야 믿고 만족하며 대가성이 없는 자연의학과 마음의학을 멀리하고 인정하지 않으려고 한다. 그렇지만 필자는 마음과 육신의 고통이 있어도 자연의 뿌리를 찾아야 하며 오직 진정한 자연의학과 마음의학으로 질병(癌)을 치유한다는 신념으로 살아가야 한다.

4. 피는 곧 나의 생명

> 육체의 생명은 피에 있음이라 내가 이 피를 너희에게 주어 제단에 뿌려 너희의 생명을 위하여 속죄하게 하였나니 생명이 피에 있으므로 피가 죄를 속하느니라 (레위기 17:11)

사람이 생명을 유지하는데 절대적으로 필요한 것이 피다. 피는 생명의 유지를 위해 태초에 하나님이 만들었으며 그것도 약 6리터 정도의 작은 양으로서 육신이 흙으로 돌아갈 때까지 갖고 살아가야 한다. 사람이 하나님의 지혜로 모든 것은 다 만들 수 있지만 피 만큼은 만들 수 없다. 하나님 형상으로 지은 사람의 생명은 오직 만든 분의 유일한 창조물이기 때문이다. 현대의학에서 죽어가는 생명을 살리는데 사람의 헌혈로 얻은 피가 필요한 이유가 바로 여기에 있다. 피는 곧 생명이요 사랑의 피는 나눔에 그 의미가 있다.

인체 생물학의 기본은 '호흡'(충분한 산소와 음이온)이다. 그러나 대부분의 사람들은 이를 무시하고 외면하곤 한다. 정말 안타까운 일이다. '피는 곧 너의 생명이다' 사람을 창조하신 하나님의 말씀이다. 그 이유를 설명하면 다음과 같다.

'하나님이 사람을 땅의 흙으로 만들고 그 코에 생기를 불어 넣었다'라고 말씀하고 있다. 나는 그 생기가 곧 생명 에너지를 의미한다고 본다. 하나님이 사람의 몸을 만들 때 사용한 흙은 흙 속의 모든 원소가 들어갔다고 믿고 확신한다.* 그리고 세포는 생물학적인 측면에서 보면 하나님은 우리 인체를 신비롭게 창조했다. 우리 심장의 펌프작용은 정맥과 동맥 그리고 모세혈관을 통하여 몸 안의 모든 세포에게 피를 돌게 한다. 우리 신체가 국가이고 각각의 세포가 국민이며 오장육부가 기관이고 명문삼초가 통치자와 정치인이라고 생각해 보자. 국가가 튼튼하려면 국민들은 각종 직업을 가지고 적정한 자연의 영양을 섭취하고, 통치자와 정치인은 국민들의 행복한 의식주를 위해 외부로부터의 침입을 보호해야 한다. 국가의 주체는 국민이며, 우리 신체의 주체는 각각의 세포이듯 우리 몸의 60조 개의 세포는 건강을 위하여 필

---

* 우리 몸은 탄소C, 수소H, 산소O, 질소N 등 4가지 원소와 미네랄 50가지로 총 54종의 원소로 구성되었다. 여기에는 효소와 미네랄, 음이온 성분도 포함된다.

요하다.

우리 몸을 이루는 60조 개의 세포들은 수명주기를 가진다. 유일하게 신경세포만은 일생동안 존속하며 수명주기가 없기 때문에 한번 손상을 입으면 재생이 안 된다. 반면에 다른 모든 세포들의 수명주기는 평균 57일이며 백혈구는 수명주기가 2일, 적혈구는 100~120일로서 다양한 수명주기를 갖고 있다. 세포들이 손상을 받았을 때 너무 일찍 사망할 수 있기 때문에 신체조직의 적정한 세포자멸사의 기능을 발휘하기 위해 죽은 세포들은 끊임없이 교체된다. 이러한 세포의 교체는 유사분열로서 기본적 세포분화 즉 한 개의 세포가 두 개의 작은 딸세포로 나누어지는 과정을 통하여 끊임없이 이어진다. 상당한 양의 세포분열이 지속적으로 이루어져도 우리 몸 안의 세포가 실제 총 60조 개를 유지할 수 있는 것은 우리 몸이 균형을 유지하기 위해 세포분열을 통하여 만들어진 새로운 세포의 숫자만큼 다른 세포들은 죽기 때문이다.

수명세포의 사망은 세포자멸사라는 과정을 통해 이루어진다. 놀랍게도 세포자멸사를 통해 1년에 평균 자기 체중의 절반이 없어진다. 하지만 여러 가지 질병 때문에 세포자멸사 과정이 무너지게 되고, 특히 癌의 경우 정상적인 세포자멸사 과정이 억제되어 종양이 커지고 정상적으로 죽어야 할 세포들이 무한대로 살기 때문이다. 다시 풀어서 설명하면 생활습관, 식습관, 마음습관을 올바르게 하여 창조주 하나님이 주신 숨·밥·잠·똥의 원리와 자연의 소리에 귀를 기울이도록 우리 스스로가 노력해야 한다는 것이다. 내가 마음먹기 나름이다. 중요한 것은 바로 나 자신이다.

5. 음(陰)이온과 양(陽)이온

원자단 분자가 원자를 잃게 되어 양전자의 수가 과잉 상태로 된 것을 양이온이라 하고, 반대로 전자를 얻게 되어 음전자의 수가 과잉 상태로 된 것을 음이온이라고 한다.

자연상태의 양이온(+)과 음이온(-)의 비율은 6:4이다. 인체는 이 상태에서 정상적으로 활동하도록 발달되어 있으며, 이 균형이 깨지면 여러 문제가 발생한다. 생명과학자들은 질병의 근본요인이 양이온이라고 주장할 정도로 양이온은 중요한 개념이다. 특히 그들은 생체조직의 산성화가 생체의 항상성을 무너뜨려 각종 질환의 원인이 되는 사실을 발견하였다. 다량의 양이온이 호흡 등을 통해 체내로 들어가게 되면 세포막으로부터 전자를 빼앗아 산화시키며 산화된 세포막은 투과성을 잃고 신진대사가 약하게 되어 노화와 질병에 쉽게 노출된다. 울창한 숲이나 계곡, 산속 폭포 근처에 기분을 상쾌하게 해주고 활력을 느끼게 하는 것이 바로 음이온이고, 미세먼지와 같이 건강에 좋지 않은 분자를 양이온이라 부른다. 그래서 음이온은 좋은 성분을 가진 공기이며 양이온은 나쁜 성분의 공기로 통한다. 또한 체내에 들어간 양이온은 혈액의 주성분으로 산소를 운반하는 적혈구를 산화시키고 끈

적하게 엉겨 붙어 혈액의 흐름을 느리게 만들며 산소공급이 원활하지 못하게 방해하여 두통과 마비, 통증, 냉감 등의 원인이 된다. 따라서 혈액을 산화시키는 양이온은 각종 질병을 일으키는 등 좋지 않은 결과가 나타날 수 있다. 반면에 음이온은 체내 흡입이 되어 혈액을 알칼리성으로 바꾸어 엉킨 적혈구의 농도를 떨어뜨려 혈액순환을 원활하게 하며, 건강이 회복되고 질병에 대한 억제력이 생기며 두뇌로 들어가는 산소의 흐름을 증가시키기 때문에 정신력 향상을 시켜준다. 그래서 다른 이름으로 '생체이온'이라고도 불린다.

이처럼 체내 건강에는 양이온보다 음이온이 훨씬 더 좋다는 사실을 기억해 두어야 한다. 특히 '공기 속의 비타민'이라 불리는 음이온은 혈액 중 전자 농도를 억제시키고 노화를 방지하는 항산화 작용을 한다. 또한 혈액을 정화시켜 세포의 신진대사를 왕성하게 하여 심장을 더욱 건강하게 하며, 체내로 흡수되면 체액이 약알칼리성으로 바뀌어 피로를 회복하는데 도움이 된다. 특히 자율신경을 안정시켜 오장육부의 기능을 활성화하며 면역력을 높이고 통증을 완화해 주고 정신을 안정시키는 효과가 있으며 알레르기 체질을 개선한다.

제5장 癌환자에게 좋은 음식

하나님이 이르시되 내가 온 지면의 씨 맺는 모든 채소와 씨 가진 열매 맺는 모든 나무를 너희에게 주노니 너희의 먹을 거리가 되리라

(창세기 1장 29절)

1. 무엇을 어떻게 먹어야 할까?

이 책 첫머리의 도표인 '질병(癌) 치유 조건'에서는 자연 먹거리를 1차 에너지(기초에너지), 2차 에너지(재생 배터리), 3차 에너지(방전 배터리)로 구분해 놓았다. 여기서는 癌환자를 위해 기초에너지만으로 식단을 짜 보았으니 참고하시기 바란다.

자연 먹거리-기초에너지(씨, 열매, 잎, 줄기, 뿌리, 꽃: 창세기 1장 29절 참조)

자연이 우리에게 준 햇빛, 공기, 물, 흙에 의해서 생산되는 씨, 열매, 잎, 줄기, 뿌리, 꽃으로서 불로 조리하지 않은 살아있는 음식, 생명력이 있는 음식, 가장 자연스러운 그대로의 음식을 말한다. 싱싱한 채소나 과일, 잎이나 뿌리, 생 곡식, 해조류 등 다양한 것으로 엽록소, 비타민, 미네랄, 효소가 다량 함유되어 있다.

인체는 세상에서 가장 영광스럽고 정확한 기계이다. 정확한 연료(씨, 열매, 잎, 줄기, 뿌리, 꽃)인 자연식품과 깨끗한 공기, 깨끗한 물, 맑은 햇빛을 주고 소식(小食)으로 내부를 정화시키면 인체는 오래도록 건강이 유지될 뿐 아니라 완벽한 생명작용을 한다. 건강한 신체란 효율적인 작용을 하는 화학공장이다. 정확한 원료(기초에너지)를 공급하고 사고가 발생하지 않는 한 인체는 스스로 조직을 강화시켜 환경에 따라 주어지는 병균 등의 침입을 이겨낸다. 인체는 영원한 삶의 씨앗을 가지고 있다. 인간은 죽게 되어 있는 것이 아니라 자연에 순응하지 않는 생활습관 때문에 스스로 자신의 생명을 죽여가고 있는 것이다. 하루를 살 것인가, 일주일, 한 달 또는 10년을 살 것인가는 오로지 살아있는 음식을 얼마나 잘 먹느냐에 달려 있다. 인체의 모든 부분은 음식으로 구성되고 기초에너지(씨, 열매, 잎, 줄기. 뿌리, 꽃)와 자연 영양식(살아있는 음식-햇빛, 공기, 물, 흙, 숲)으로 만들어진 엽록소, 비타민, 영양소, 미네랄, 단백질, 지방, 섬유질을 필요로 한다.

2. 항산화식이란?

이는 한마디로 '살아있는 음식'을 말한다. 즉 깊은 산속에 있는 충분한 산소와 질소, 이산화탄소, 음이온 그리고 '음양오행기미(陰陽五行氣味; 현미밥, 죽, 주스, 생 채소, 과일, 차)'에 의한 식단을 항산화식이라 한다. 요즈음 건강에 대해 이야기할 때 유해산소(유리기 ; 활성산소)라는 말이 자주 등장한다. 오염이 심하고 스트레스가 많은 현대인의 병, 특히 癌을 이해하는데 유해산소는 아주 중요한 개념이다. 산소는 호흡을 통해 우리 몸에 들어와 세포 속에서 에너지(ATP)를 만드는데 없어서는 안 될 중요한 물질이다. 하지만 때로는 쓰임에 따라 산소는 필요 이상으로 생물체 안에 존재하면 산화작용이 가속화되면서 모든 질병 특히 癌의 원인이 된다. 항산화식의 가장 두드러진 효능은 유해산소를 중화한다는 것이다. 유해산소는 에너지의 생성을 위해 산소와 관련되는 신진대사 과정에서 발생하는 매우 독성이 강한 부산물이다. 유해산소가 발생하는 이유는 산소의 원자구조 때문인데, 산소는 전자가 하나 혹은 두 개가 더 있어야 안정된 원자구조를 가지게 되기 때문에 다른 물질을 만나면 전자를 빼앗는 악순환을 되풀이하며 반응을 이어가는 과정에서 원래의 성질이 아닌 다른 성질을 갖게 되며 이러한 현상을 가리켜 산화가 진행된다고 한다. 그 예로 철이 녹스는 것, 사과 껍질을 깎아두면 빨갛게 변하는 것, 음식이 쉬는 것, 몸이 산성체질이 되는 것 등으로 모두 산화 과정의 한 단면이다.

그러면 유해산소는 왜 생기는가. 우리 몸 안에는 유해산소의 생성을 소멸시키는 효소와 항산화 비타민제 등이 있다. 하지만 나이가 들면서 유해산소를 제거하는 물질이 감소하고, 설사 젊은이라 하더라도 화학성분의 물질이 범람하고 오염된 도시환경에서 유해산소들이 체내의 항산화 장벽을 뚫고 나와 신체의 민

감한 목표물을 손상시키곤 한다. 유해산소는 스트레스나 환경오염, 알코올 섭취, 흡연, 화학물질, 공해, 수질오염, 음식물 등의 요인으로 인해 급격히 증가한다. 그 결과 항산화 방어벽이 무너지고 유해산소는 대부분의 세포를 손상시키게 된다. 유해산소에 의해 손상된 세포들은 그들의 기능만 잃는 것이 아니라 전 유기체(오장육부)에 부담으로 전가된다. 유해산소는 대부분 음식물을 섭취해 에너지로 바꾸는 신진대사 과정에서 생긴다. 우리 몸에는 유해산소를 해가 없는 물질로 바꿔주는 효소(항산화 효소)도 있어 유해산소의 무제한 증가를 막아준다. 하지만 시간이 흐르면서 유해산소가 우세해져 결국 질병과 노화가 일어난다고 한다. 항산화식은 유해산소로부터 피해를 받지 않는 건강자연식이라 할 수 있다.

그러면 질병과 노화현상을 저지할 수 있는 방법은 어떤 것이 있을까. 유해산소의 발생자체를 억제하거나 이미 생긴 유해산소를 없애주는 것이다. 노화를 억제하려면 신진대사(소화에너지 소비량)를 줄여야 하므로 먹는 것(육가공 식품, 패스트푸드, 알코올, 흡연, 육식, 오백식품 등)을 줄이고 항산화 물질이 뛰어난 식품(기초에너지, 생 채소, 과일)을 섭취하면 된다. 올바른 식이요법을 실천하거나 항산화제를 복용함으로써 유해산소를 감소시킬 수 있다. 산화를 막는다는 의미인 '항산화식'은 여러 가지 천연생산물로 구성된 생물 고분자 물질로서 인체에 친숙한 항산화 물질을 음양오행 기미에 따라서 구성된 식단인 것이다.

3. 항산화식을 해야 하는 이유는?

건강한 삶을 살기 위해 영양은 필수이다. 우리의 식탁은 대부분 잘못된 음식이 너무나 많고 적절히 살아 있는 음식은 너무 부족하다. 필자는 평소에 영양과 먹거리에 대해 왜곡된 것이 너무나 많다는 것을 늘 강조해 왔다. 왜냐하면 우리가 매일 먹는 식사는 살아 있는 음식보다 죽은 음식이 많다는 것이다.

실제로 많은 사람들이 먹는 방법만 틀릴 뿐이지 먹피아에 길들여져 있어 모든 사람들이 자연이 주는 먹거리를 인정하지 않으려고 한다. 햇빛도 먹어야 하고, 공기도 먹어야 하고, 물도 먹어야 하고, 흙도 먹어야 하고, 숲도 먹어야 하는데 오직 식단에 오른 먹거리에만 매달리고 있으면서 癌을 치료하거나 질병을 고치고 건강한 삶에 대해서는 몰라도 너무 모른다는 것이다. 참으로 안타까운 일이다. 물론 이들 여섯 가지 먹거리 중에서 癌에 대한 장기적 치료는 바로 항산화식 식단이다. 왜냐하면 면역시스템을 구축하는 데는 여섯 전문가 중 식단이 인체 내부에서 어느 것보다 유리한 고지를 점유하고 있기 때문이다. 그러나 이 두 종류(햇빛, 공기, 물, 흙, 숲과 식단 먹거리) 모두가 癌과 싸우는 장기적인 전략이다. 많은 사람들은 종양이 없어지거나 癌세포가 사라지면 치료가 다 된 것이라 생각한다. 그래서 방심하여 다시 예전의 식습관과 좋지 못한 생활습관으로 돌아가면 癌은 다시 돌아오게 된다. 이 사실을 우리는 반드시 기억해야 한다. 우리 몸의 어떤 조건으로 인해 못된 癌에 걸렸을 때 식습관과 생활습관이 전폭적으로 변하지 않는 한 癌은 다시 돌아오게 되는 것이다.

그러면 왜 다시 돌아오게 되는 걸까. 인간의 몸은 지구상에 있는 대부분의 일반 원소들로 구성되어 있다. 우리는 성경의 창세기에서 천지창조의 이야기를 읽었다. 창세기 2장 7절에 '하나님이 사람을 땅의 흙으로 만들고 그 코에 생기를 불어 넣었다'고 되어 있다. 나는 하나님이 인간을 만들 때 사용한 흙 속에 모든 원소가 들어있다고 믿고 확신한다.* 그리고 하나님은 인간에게 생명에 필요한 햇빛, 공기, 물, 흙, 숲을 만들어 주시고 나서 마지막으로 먹거리를 주면서 '하나님이 이르시되 내가 온 지면의 씨 맺는 모든 채소와 씨가진 열매 맺는 모든 나무를 너희에게 주노니 너희의 먹을거리가 되리라'(창세기 1장 29절)고 말씀하셨다. 그 말씀에 따라 과일과 곡식, 견과류, 채소들이 그 토양에서 자랐다. 그런데 토양, 공기, 수질은 악화되었고 우리의 환경도 오염되었다. 토양은 미네랄과 비타민이 부족하고 음식에 화학물질이 들어 있으며 몸의 산성화로 우리가 만성적인 질병(癌)을 앓고 있는 것이 당연한 것으로 여겨지게 되었다.

100년 전만 해도 癌은 잘 알려져 있지 않았다. 그러나 오늘날 대부분의 사람들은 이 공포의 질병(癌)으로 사망한 사람들이 친척이나 친지들일 것이다. 오늘날 무엇이 변한 것인가. 우리 몸이

---

* 우리 몸은 탄소C, 수소H, 산소O, 질소N 등 4가지 원소와 미네랄 50가지로 총 54종의 원소로 구성되어 있다.

변한 것인가, 우리 유전자가 변한 것인가. 아니면 우리가 토양의 영양소들을 없앤 것일까. 우리가 먹는 음식(기초에너지 ; 씨, 열매, 잎, 줄기, 뿌리, 꽃)을 바꾼 것인가, 아니면 우리가 먹는 음식이 질병에 걸리기 쉬운 것으로 만들었는가. 생각해 보라. 癌이나 종양의 형성 요인으로는 독소, 면역력 저하, 영양결핍, 정신적 좌절, 고혈당 등이 있다. 우리가 이러한 癌 유발요인을 제거하지 않는 한 질병(癌) 치료는 결코 성공하지 못한다. 오히려 이들은 질병을 발생하도록 도와주는 악당들인 것이다. 우리가 먹는 음식은 질병을 일으키는 세포가 싫어하여 싸우는 것이거나 아니면 질병을 일으키는 세포가 좋아하고 영양이 되는 것 둘 중 하나에 해당한다. 그러므로 음식은 크게 다음의 두 가지로 구분해야 한다.

첫째, <u>癌세포가 좋아하는 음식</u>: 癌세포를 먹여 살리고 癌세포를 죽이는 면역시스템을 방해하는 식품으로서 산성식품, 탄산음료, 설탕, 트랜스지방, 커피, MSG, 아질산나트륨, 가공식품, 살충제, 재배식품, 정제 밀가루 등이 있다.

둘째, <u>癌세포가 싫어하는 음식</u>: 癌세포를 죽이고 산과 알칼리의 균형을 잡아 주며(알칼리성 체질), 영양분, 효소, 미네랄 등을 보유하고 있어 癌의 확산을 막아주고 면역시스템을 강화시키는 식품으로는 생수(샘물), 사과, 살구, 포도, 딸기, 블루베리, 참외(멜론), 당근, 브로콜리, 고추, 토마토, 마늘, 레몬, 아마씨, 들깨, 호두, 클로렐라, 스피루리나, 화분, 산약야초 등이 있다.

　癌환자의 성공적인 식단(항산화식)의 핵심은 질병(癌)과 싸우는 음식을 먹고 질병에 도움이 되는 영양소를 공급하는 음식을 피하는 것이다. 아주 간단하지 않은가. 하지만 불행히도 대부분의 음식은 산성일 뿐 아니라 효소가 부족하다. 효소는 음식을 신속히 상하게 한다. 음식을 상하지 않고 저장기간을 길게 하려면 효소를 파괴하는 것이다.

　그러면 효소가 그렇게 중요한 것인가? 물론이다. 절대로 필요한 것이다. 효소가 인체 내에서 하는 역할은 음식을 소화시키는 것이다. 그러나 오늘날 가공음식은 효소가 결핍되어 있다. 효소를 먹는 좋은 방법은 신선한 채소나 과즙을 먹는 것이다. 좋은 공기, 맑은 샘물, 좋은 흙, 맑은 햇살, 푸른 숲, 생과일이나 생 채소에 효소가 들어 있다. 대부분의 사람들은 먹피아에 해당하는 가공식품을 수년간 아무 의심 없이 먹어 왔기에 면역기능이 제대로 발휘되지 않는 장(腸)을 가지고 있다. 그래서 그들은 장(腸)에서 영양소를 제대로 흡수하지 못한다. 채소나 과일은 그대로 먹으면 많은 양(1~1.5㎏)을 먹어야 하므로 죽이나 주스로 해서 먹으면 하루에 필요한 양을 섭취할 수 있다. 음양 죽, 음양주스, 오행 생 채소와 같은 항산화식을 식단에 올려야 한다. 영양물질로 곡식과 견과류, 뿌리, 채소, 과일, 나물, 새싹 등을 죽이나 주스로 먹으면 간단하게 충분한 영양소를 먹을 수 있어 좋다. 이렇게 먹어야 충분한 효소를 먹어 대·소장에서 활발한 면역물질을 만들 수 있기 때문이다.

그러면 효소가 무엇인가. 효소는 촉매제이다. 그러면 촉매는 무엇인가. 예전에 고등학교 화학 선생님이 우리에게 촉매의 정의를 가르쳐 주신 적이 있다. 촉매는 화학반응을 일으키게 하는 물질이다. 우리 몸 안에서 수백 가지의 화학반응에 관여하면서 몸의 기능이 정상적으로 작동하게 하는 것이다. 그러나 효소 그 자체는 수천 가지의 임무를 수행하기 때문에 미네랄과 비타민(조효소)의 도움이 필요하다. 비타민, 미네랄, 효소는 의자의 다리처럼 서로에게 필요한 존재이다. 그 어느 것도 홀로 몸 안에서 존재하지 않는다. 조효소 없는 효소는 효소 활동을 할 수 없다. 효소는 매우 특수한 일을 하는 것으로 알려져 있다. 흥미롭게도 날 음식의 효소는 우리 몸에서 분비되는 효소의 도움 없이 음식의 75%를 실제로 소화시킨다. 효소에는 3개 등급에 해당하는 효소가 있다. '신진대사 효소'(혈액이나 조직, 그리고 기관에서 작용하는 효소)는 생 음식의 음식효소로서 '소화효소'이다. 소화효소에는 프로테아제(단백질 소화)와 아밀라아제(탄수화물 소화), 리파아제(지방 소화)가 있다. 효소가 없으면 생명도 없다. 유기농 생과일과 생 채소는 좋은 음식이다. 그들은 효소와 니트릴로사이드를 함유하고 있으며 비타민과 미네랄이 풍부하다. 열을 가하면 효소는 파괴된다. 효소를 섭취하는 제일 좋은 방법은 날로 먹는 것이다. 요리는 효소를 파괴하고 저온살균도 마찬가지이다.

우리 모두가 효소와 미네랄이 부족하다는 사실을 알아야 한다. 우리 몸에는 물, 비타민, 미네랄, 지방, 단백질, 탄수화물 등 6대 필요 영양소가 있다. 대부분의 식단에는 미네랄은 빠져 있다. 많은 사람들이 미네랄이나 비타민은 같은 것이라고 생각하지만 그렇지 않다. 가장 큰 차이는 비타민은 유기물(탄소가 포함됨)이고 미네랄은 무기물이다. 앞에서 말했지만 탄소, 수소, 산소, 질소 등 4가지 원소가 우리 몸의 96%를 차지하고 있다. 나머지 4%는 미네랄이다.

식물에는 비타민과 미네랄 이외에도 수천 가지의 화학물질이 있다. 그 중 식물화학물질(Phytochemicals)이 癌의 위험을 낮추는 것으로 나타났다. 오로지 음양죽의 재료식물(과일, 채소, 견과류, 씨앗, 곡식)에는 식물화학물질이 함유되어 있다. 식물영양물(Plant food) 중 특히 녹색 잎채소는 우리 몸에서 癌을 유발하는 독소를 제거(청소)하는 효소를 가지고 있다. 또한 항산화제 성분이 들어 있어 몸이 산화하는 것을 방어하는데 도움을 준다. 또한 음양주스의 재료식물인 채소와 과일은 비타민, 미네랄, 단백질, 효소가 풍부하여 쉽게 흡수되며 소화되기 쉬운 형태로 전달된다. 이들은 살아 있는 음식이기 때문에 음양주스를 식단에 음식으로 올리는 것은 아주 효과적인 방법이다. 항산화식(음양 죽과 음양주스, 생 채소)을 규칙적으로 먹으면 기적이 일어난다. 최근 연구에서 식물영양물(Plant food)이 癌 위험을 줄이고 癌환자에게도 회복을 도와주고 건강을 지켜주는 것으로 나타났다. 이와 같은 연구 결과는 세계적으로 수천 건이나 된다.

우리 몸을 약알칼리성으로 유지하는 것이 건강을 지키는데 중요하다는 사실은 이미 앞에서 언급했던 바이다. 이제 몇 가지 영양학의 기본사항을 검토하고자 한다. 소화의 화학공정은 간단하다. 잘 알려진 바와 같이 3가지 음식의 주요 성분은 단백질, 탄수화물, 지방이다. 우리는 이 세 가지 형태의 음식을 유용하게 소화시켜야 한다. 단백질은 아미노산으로, 탄수화물은 포도당으로, 지방은 지방산으로 소화된다. 대부분의 사람들은 우리가 음식을 먹으면 그 음식이 위에 모여서 분해된 다음 소장에서 영양분이 흡수되고 대장을 통하여 빠져나간다고 믿고 있다. 이것은 정확한 것이 아니다.

하나님은 태초에 우리 인간에게 기초에너지인 씨, 열매, 잎, 줄기, 뿌리, 꽃을 먹거리로 주시면서 익혀 먹는 방법을 일러주시지는 않았다. 효소가 풍부한 음식을 우리가 생으로 먹으면서 적절하게 씹도록 만들었다. 우리가 그렇게 한다면 음식이 효소가 붙은 상태로 위에 들어간다. 그리고 이 음식을 한 시간 동안 사전 소화를 시키는 과정에서 음식의 75%가 소화되는 것이다. 불행하게도 우리는 적정한 음식을 먹지 않을 뿐 아니라 익혀 먹거나 충분히 씹지 않는 습성이 있다. 얼마나 맛있고 많은 양을 먹는 것이 중요한 게 아니라 얼마나 소화를 잘 시키느냐가 중요하다. 필자가 소개하는 식단(항산화식)은 최소의 양으로 최대의 소화를 시키기 위해 음양 죽과 음양주스, 생채소를 권장한다.

4. 항산화 음식

· 대가성이 없는 음식: 하나님이 창조한 자연의 여섯 가지 음식으로서 햇빛, 공기, 물, 흙, 숲, 자연 먹거리
· 대가성이 있는 음식: 하나님이 창조한 햇빛, 공기, 물, 흙을 이용해 사람이 만드는 모든 음식

(1) 대가성이 있는 항산화 음식

활동 에너지 원료 햇빛, 공기, 물, 흙에서 생산된 먹거리인 기초 에너지로서 씨, 열매. 잎, 줄기, 뿌리, 꽃

① 음양오행(陰陽五行) 현미밥: 현미, 보리, 수수, 기장, 율무. 서목태, 조, 녹두

② 음양오행(陰陽五行) 현미죽: 현미, 보리, 수수, 기장, 율무. 서목태, 조, 녹두, 마, 인디언감자, 잣, 땅콩, 아몬드, 해바라기씨, 호두, 캐슈넛, 호박씨, 인삼, 야콘, 들깨

③ 음양오행(陰陽五行) 5색 생 채소: 오이, 양파, 풋고추, 피망, 파프리카, 토마토, 당근, 깻잎, 브로콜리, 비

트, 콜라비, 목이버섯

④ 음양오행(陰陽五行) 주스: 당근, 사과, 양배추, 토마토, 귤, 오렌
　　　　　　　　　　　　지, 브로콜리, 샐러드, 생강, 산약야초 발
　　　　　　　　　　　　효액, 증로 효소 식초

⑤ 음양(陰陽)된장: 재래식된장, 두부, 양파, 목이버섯, 생강, 마
　　　　　　　　　늘, 파, 청양고추, 음양육수, 들기름

⑥ 음양(陰陽)육수: 다시마, 표고버섯, 무, 멸치, 황태, 우엉, 양파
　　　　　　　　　껍질

⑦ 들기름, 화분, 초란, 올리브유

(2) 대가성이 없는 항산화 음식

하나님이 창조한 자연성은 주고받는 대상이 될 수 없으며 사람
이 누릴 수 있는 절대 공평성이다.

① 햇빛: 비타민D(200여 종의 질병치료), 태양의 정기, 에너지. 생육
　　　　원적외선, 태양광선은 살균제, 강장제, 흥분제, 햇빛

비타민

② 공기: 대기호흡, 산소, 질소 등 보이지 않는 유일한 음식

③ 물: 생명의 근원, 산소, 미네랄, 무기물, 생수

④ 흙: 생명의 원천, 영양소, 미네랄, 무기질

⑤ 숲: 대기의 비타민, 피톤치드, 음이온, 세로토닌

⑥ 자연 먹거리: 기초에너지(씨, 열매. 잎, 줄기, 뿌리, 꽃), 엽록소, 비타민, 탄수화물, 미네랄, 단백질, 지방, 섬유질

(3) 무지개색 오행채소·과일

하나님이 창조한 자연이 준 여섯의 癌 치유 전문가인 '씨, 열매. 잎, 줄기, 뿌리, 꽃'에는 5대 영양소와 다른 기능성 영양소가 들어 있는데 이를 피토케미칼(pytochemical)이라 한다. 지금까지 알려진 것만 해도 700여 종이 넘는 피토케미칼은 채소와 과일의 색상이 더 화려하고 짙을수록 많이 들어있다. 따라서 채소와 과일을 먹을 때는 색이 진할수록 효과가 좋다. 식물의 천연색소를 구성하는 물질인 피토케미칼은 항산화 작용을 비롯해 항암 해독작용을 하는 것으로 알려져 있다. 채소와 과일의 엽록소는 상처를 치유하고 세포를 재생시키며 강력한 항산화 기능(라이코펜, 카로티노이드)으로 면역력을 증강시켜 강력한 항암작용을 한다. 이러한 이유로 음양오행(陰陽五行)에 의한 다채로운 색상의 채소와 과일로 식단을 마련하는 것이 바람직함을 알 수 있다. 즉, 음양오행으로 볼

때 목(木)은 청색이며 간과 담을 다스리고, 근육에 작용하고 화(火)는 적색이며 심장과 소장을 다스리고, 혈액에 작용하고 토(土)는 黃色으로 비와 위를 다스리고, 비육에 작용하고 금(金)은 白色으로 폐와 대장을 다스리며, 피부에 작용하고 수(水)는 흑색으로 신장과 방광을 다스리며 뼈에 작용한다.

과일류

· 봄 과일: 딸기, 포도, 토마토, 방울토마토, 멜론, 키위, 매실
· 여름 과일: 복숭아, 참외, 수박, 자두, 석류
· 가을 과일: 사과, 감, 배, 밤, 대추, 무화과, 모과
· 겨울 과일: 감귤, 오렌지
· 수입 과일: 바나나, 파인애플, 블루베리

① 봄 과일

딸기: 혈액을 맑게 해 주고 저혈압에 효과적이다. 비타민C(항산화작용)가 과일 중 제일 높다. 체내정화, 항암해독에 좋다.

포도: 항암효과가 뛰어나고 혈전생성을 억제한다. 레스베라트롤(항암), 플라보노이드(혈전억제)

토마토: 혈압을 낮춰 고혈압에 효과적이다. 비타민 A,C,E,K가 풍부하고 리코펜(활성산소 억제)

방울토마토: 뇌졸중이나 심근경색을 예방한다. 리코펜(항암)

멜론: 심장질환이나 뇌졸중 예방에 좋다. 라이코펜(항산화, 유해산소 제거), 혈전, 항응고, 비타민A,B,C(피로회복)

키위: 혈관의 노화 방지에 큰 효과가 있다. 비타민C,E,K가 풍부, 혈전 예방(아스피린 작용), 전립선암 예방, 미용과일(강력한 비타민C)

복분자: 항산화작용이 뛰어나며 항암기능이 있다. 폴리페놀(항암), 성질이 따뜻하여 냉 체질에 좋다. 간에 아주 좋다, 항산화작용이 강하다. 남녀의 성기능 강화에 좋다.

앵두: 천금이라고도 한다. 혈액순환을 촉진하고 피로를 풀어준다. 단백질, 지방, 당질, 섬유소, 회분, 칼슘, 인 철분, 비타민 A,C,B 등. 사과산, 시트르산 등 유기산이 들어 있다.

매실: 항균작용과, 해독작용이 있다, 구연산과 사과산(유기산)을 다량 함유함으로써 스트레스 해소에 좋다. 칼슘이 풍부하다.

② 여름 과일

복숭아: 고혈압, 심장병에 효과적이다, 주성분은 수분과 당분이며 유기산, 비타민A 펙틴 등도 풍부하다. 알칼리성 식품으로서 산성화된 체질을 개선한다. 유리 아미노산인 아스파라긴산이 많아 숙취 해소, 니코틴 제거에 탁월한 효과가 있다.

참외: 항암작용(쿠쿨비타신)으로 암세포 확산을 방지한다. 진해거
담, 변비, 풍담, 황달, 수종, 이뇨작용
수박: 붉은색 리코펜이 암 예방에 효과가 있다, 시트룰린(이뇨작용)
자두: 간이 나쁜 사람에게 좋고 변비에도 좋다.
살구: 폐암과 피부암 등 여러 가지 암을 치료한다. 헤모글로빈 재
생 작용이 뛰어나다. 비타민A와 베타카로틴 다량함유, 진
해거담 효과, 시안 화합물의 독소가 있다.
석류: 여성에게 좋고 항산화작용을 하며 여성호르몬과 구조가
거의 동일한 에스트라디올, 에스트론으로 불리는 에스트
로겐 계열의 호르몬이 석류종자에 많이 들어 있다. 에이즈
치료에 도움을 준다. 노인성 치매, 알츠하이머, 남성의 전
립선 치료에 좋다.

③ 가을 과일

사과: 대사성질환에 효과가 있어 하루에 사과를 한 개씩만 먹으
면 의사가 필요 없다고 할 정도로 건강한 몸을 만드는 데
꼭 필요한 과일이다.
감: 고혈압, 중풍, 위장염, 대장암에 좋다, 곶감(흰 가루, 시상)은 폐열
을 풀고 담을 삭혀주며, 혈액을 맑게 해주고, 몸 안의 담을 제
거해 준다.
배: 대장암과 유방암의 발생위험을 줄여준다. 기침과 가래를 제

거해 준다. 차가운 성질이 있어 몸에 열을 내리는 해열작용,
이뇨작용을 한다.

밤: 5대 영양소가 들어 있어 원기회복에 좋은 전분, 탄수화물, 단
백질, 지방, 무기질, 비타민A,B,C, 리파아제, 당분 등 5대 영
양소가 들어 있어 완전식품이라 한다.

대추: 암과 심장질환 등 성인병 예방에 효과적이다. 오래 먹으면
몸이 가벼워지고 늙지 않는다고 한다. 비타민류, 식이섬유,
플라보노이드, 미네랄, 베타카로틴을 다량 함유하고, 백내
장과 동맥경화를 예방한다.

무화과: 고혈압과 동맥경화 등 혈관질환에 좋다. 장운동을 활발
하게 하고 치질이나 무좀에 좋다(본초강목). 수용성 식이섬
유, 유기산, 폴리페놀의 일종인 레스페라트롬 성분은 인
체에 쌓인 중성지방과 콜레스테롤 배출 및 흡수억제, 칼
륨이 풍부하여 체내의 불필요한 나트륨 배출작용을 한
다.

모과: 기관지 질환에 좋다. 주독을 푼다, 가래를 삭이고 기관지,
목질환, 기침, 폐렴, 칼슘, 칼륨, 철분의 무기물이 함유한
알칼리성 식품이다.

④ 겨울 과일

감귤: 위암, 동맥경화 고혈압에 좋다, 콜레스테롤 저하, 비타민C

다량 함유, 멜라닌 생성억제 발암물질인 니트로소아민의
해를 억제하고 감기를 예방한다.

오렌지: 비타민C 다량함유로 감기예방, 멜라닌 생성 억제 껍질
의 하얀 부분은 헤스페리딘 성분이 많고 플라보노이드
가 풍부하여 암 예방, 혈관강화, 피부미용에 효력이 있
다.

⑤ 수입 과일

바나나: 암 예방과 고혈압, 뇌졸중 치료에 좋다. 면역 활성화 물
질인 싸이토카인 분비로 대식세포 활성화와 면역력 증
강에 도움을 준다.

파인애플: 블로멜라인이라는 단백질 분해효소가 있어 고기요리
를 할 때 사용하면 독특한 향과 연육작용을 한다. 자
당, 구연산, 주석산, 비타민C가 다량 함유되어 있다.

블루베리: 암을 억제하고 뇌졸중, 심장혈관에 좋다. 과일과 채소
중에 가장 항산화 효과가 뛰어나다. 당과 콜레스테롤
흡수를 억제하고 장내에서 발생하는 유해물질 생성을
억제한다.

(4) 기초에너지(잎, 줄기, 뿌리)의 종류별 효능

* 잎·줄기 채소: 상추, 배추, 시금치, 갓, 미나리, 양상추, 머위, 쑥
　　　　　　　갓, 아욱, 호박, 브로콜리
* 뿌리채소: 고구마, 감자, 무, 당근, 도라지, 생강, 더덕, 연근, 양
　　　　　　파, 토란
* 줄기채소: 양배추, 죽순, 아스파라거스. 대파, 가지, 청경채, 부
　　　　　　추, 쑥, 피망, 냉이, 고추, 오이, 케일, 신선초, 샐러리

① 잎, 줄기채소

상추: 피를 맑게 하고 유방암을 예방한다. 비타민A가 풍부하고,
　　　비타민 B1, B2, 철분, 칼슘 등 미네랄과 라이신, 티로신 등
　　　필수 아미노산도 풍부하다. 오장기능을 좋게 하고 경맥을
　　　통하게 하고 가슴에 맺힌 열을 풀어준다. 근육과 뼈를 보
　　　양하고 숙취해소와 스트레스를 해소한다. 빈혈, 골다공증,
　　　피부노화를 예방한다. 성질이 차다.
배추: 감기로 인한 기침과 가래 증상에 좋다. 감기를 물리치는 특
　　　효약으로 꼽힌다. 배추를 약간 말려서 뜨거운 물을 붓고
　　　사흘쯤 두면 식초 맛이 나는데 이것을 채수라 한다. 이 채
　　　수가 감기에 특효가 있다. 배추 속에 농축되어 있는 비타
　　　민C 덕분이다. 비타민 A, 칼슘, 철분, 식이섬유 등이 있으

며 배춧국이 구수한 향미 맛이 나는 것은 시스테인이라는
아미노산 성분 때문이다.

시금치: 폐암의 발생률을 낮춰주는 효능이 있다. 암 예방효과는
베타카로틴 성분에 의한 것이며 흡연자에게 발생하는
폐암에 효과가 있다. 인체에 유독한 요산을 분리 배설시
키므로 류머티즘이나 통풍치료에 효과적이다. 철분 흡수
를 돕고 비타민A와 C가 많이 들어있다.

갓: 각종 심혈관 질환을 예방한다. 엽산이 풍부해서 단백질과 핵
산의 합성에 작용한다. 항산화물질인 카로키노이드 성분과
폐놀, 엽록소가 풍부하여 활성산소를 제거하고 노화를 방지
하는 데 많은 도움을 준다. 비타민A,C가 풍부하다.

미나리: 혈압을 낮춰주는 기능이 탁월하다. 해독능력이 뛰어나
각종 독소들을 해독하는데 특효가 있다. 독특한 향을 내
는 정유 성분이 있고, 정신을 맑게 하고, 혈액을 정화하
고, 알코올 해독에 탁월하다. 간장 질환이나 복수가 차는
증상, 만성간염, 간경변증에 많이 쓰인다. 특히 주목할
만한 효능은 혈압을 낮춰 주는 기능이다. 고혈압 환자에
게는 더없이 좋은 식품이다.

양상추: 혈액순환과 골다공증 예방에도 효과가 좋다. 철과 마그
네슘이 다량 함유하고 있다. 유기철, 마그네슘이 다량 함
유하여 혈액의 축전지와 같은 역할을 하고 있다.

머위: 골다공증의 치료와 예방에 도움이 된다. 기관지와 폐의 건

강을 돕는다. 폴리페놀이라는 성분 때문에 우리 몸의 소화
기능을 촉진시킨다.

쑥갓: 뇌졸중, 고혈압 등 각종 성인병 예방에 좋다. 카로틴 함량
이 시금치보다 많다. 벤즈알데하이드 등의 정유성분이 들
어있어 향이 좋다.

아욱: 뼈를 튼튼하게 하여 골다공증에 좋다. 성질이 차서 막힌 곳
을 뚫어 주는 작용을 한다. 소변불통, 변비, 숙변제거, 숙취
해소에 도움을 준다. 오체의 으뜸이라 불렸을 정도로 단백
질이나 지질, 무기질과 칼슘 등이 풍부하여 아주 높은 알
칼리성 식품이다. 특히 아욱씨는 동규자라 하여 차로 먹으
면 숙변해소 및 변비에 좋다.

깻잎: 혈액을 맑게 하는 작용을 한다. 깻잎은 칼륨, 칼슘, 철분 등
의 무기질 함량이 많은 대표적인 알칼리성 식품이다. 깻잎
의 독특한 향을 내는 것은 바로 정유 성분(페릴케톤)으로 방
부제 역할을 하여 혈액 중독증을 풀며 식탁 위의 명약으로
꼽힌다.

늙은 호박: 암세포의 증식을 늦추는 항암효과가 있다. 노란빛은
카로티노이드색소 때문이며, 체내에 들어가면 베타
카로틴이 된다. 당뇨환자에게 좋다. 비타민A,B,C가
풍부하게 들어있다.

브로콜리: 각종 암 특히 폐암, 위암, 대장암, 유방암, 전립선암, 자
궁암에 좋다. 암에 좋은 베타카로틴, 비타민C,E, 루테

인, 셀레늄, 식이섬유 등 항암물질이 다량 함유되어있
다. 또한 발암물 질을 해독하는 인돌성분이 들어있다.
양배추와 채소를 같이 곁들여 먹으면 더욱 좋다.

② 뿌리채소

고구마: 당뇨 등의 성인병을 예방한다. 대표적인 알칼리성 식이
　　　다. 섬유소의 대명사로 불리는 고구마는 변비, 비만, 지
　　　방간, 대장암 등의 예방에 좋으며 당뇨병, 고혈압에 아주
　　　좋다. 칼륨성분으로 나트륨을 소변과 함께 배출시킨다.
무: 이뇨작용이 있어서 혈압을 내려주고 노폐물 제거, 소염작용,
　　이뇨 작용으로 혈압을 내려 준다. 소화를 촉진시키고, 독을
　　풀어주는 효과가 있어 오장을 이롭게 한다.
당근: 빈혈과 저혈압, 야맹증 등에 효과가 있다. 베타카로틴이라
　　　는 프로비타민A라고도 하며 이는 발암물질 독성 물질을
　　　무력화 시키고 유해산소가 세포를 손상시키는 것을 막아
　　　준다. 당근을 인삼에 비유하기도 하였으며 해독작용이 있
　　　다.
우엉: 당뇨와 신장병에 좋다. 당질이 많은 알칼리성 식품이며 비
　　　타민류는 적으나 칼륨, 마그네슘, 아연, 구리와 같은 미네
　　　랄을 많이 함유하고 있다. 우엉은 근채류 중 가장 많은 식
　　　이섬유를 함유하고 있다. 이 식이섬유는 만병의 근원이며

장의 청소부 역할을 한다. 간의 독소를 제거하여 혈액을 맑게 하고 신장 기능을 도와준다.

도라지: 혈당수치를 정상적으로 만들어주고 호흡기 질환 치료약이다. 사포닌, 비타민C, 철, 인 등이 함유하여 면역력을 강화시키고, 당뇨병 환자에게는 더없이 좋다.

생강: 살균, 항균작용이 뛰어나다. 생강에는 진저롤과 쇼가올 정유 성분이 들어있어 병원성 균에 대해 강력한 살균작용이 있다. 마늘이나 양파보다 더 강하여 소량으로도 그 작용이 높다.

더덕: 강장, 건위, 해열, 해독작용이 뛰어나다. 산삼에 버금간다고 하여 인삼, 현삼, 단삼, 고삼과 함께 5삼중 하나이다. 사포닌, 인슐린 등의 성분으로 인해 비위계통과 폐, 신장 등을 보호한다. 필수지 방인 리노레익산, 칼슘, 인 철분 등이 있어 뼈와 혈액의 건강을 유지하는데 특효가 있다.

연근: 궤양, 코피, 부인과 질환의 출혈을 억제한다. 뿌리채소에는 드물게 비타민C가 풍부하고 뮤신이라는 끈끈한 점액성분은 당질과 복합된 단백질로 콜레스테롤 저하작용과 위벽보호, 해독작용도 있다. 비타민C, 탄닌, 비타민B12, 칼슘, 철 등이 있다.

양파: 고혈압 예방과 치료에 탁월하다. 혈당 저하 작용과 인슐린 분비를 촉진시켜 당뇨병에 좋다. 혈액을 깨끗이 하여 동맥경화, 고지혈증, 고혈압을 예방한다. 양파즙을 먹으면 좋

다.

토란: 성인병예방과 노화방지에 좋다. 주성분은 갈락탄이라는 당질, 단백질이지만 감자류 중에 칼륨이 풍부하다. 미끈거리는 성분은 뮤신으로 이것이 체내에서 글루크론 산을 만들어 간장이나 신장을 튼튼하게 해주고 노화방지에도 좋다.

③ 줄기채소

양배추: 풍부한 라이신이 두뇌활동에 좋다. 풍부한 글루타민을 함유하여 제산자용과 근육세포 재생에 좋다. 양배추의 심부분에 함유된 비타민B12는 몸 안에서 비타민B4를 생성한다. 지방을 에너지원으로 바꿔주는 비타민B4가 부족하게 되면 지방이 분해되지 않고 그대로 체내에 쌓이게 된다. 풍부한 칼슘을 함유하고 있어 골다공증 예방에 좋다.

감자: 발암물질을 배출시키고 노인 치매 예방에 좋다. 감자에는 비타민 C가 풍부하게 들어 있다. 특히 감자의 식이섬유 지방이나 당질의 흡수를 방해해 혈중의 콜레스테롤과 혈당을 낮추고 장내 세균 중 유익한 균을 증식시켜 변비를 개선하고, 발암물질을 흡착 배출하는 작용을 한다.

대파: 감기 특효채소로 알려져 있다. 주성분인 알리신은 독을 풀어주는 해독작용을 한다. 칼슘과 철분이 풍부하다.

가지: 항암효과가 있다. 가지 껍질이 보라색을 띠는 이유는 안토시아닌 색소 때문인데 이 천연색소는 발암물질을 억제하는 효과가 있다. 알칼로이드, 식이섬유, 페놀화합물, 클로로필 등이 암 예방에 효과가 있다고 알려져 있다.

청경채: 칼슘, 나트륨, 각종 미네랄과 비타민C는 물론 체내에 섭취되면 비타민A로 변하는 카로틴이 풍부하다. 따라서 자주 섭취하면 신진대사 기능을 촉진하고 세포조직을 튼튼하게 하며 피부 미용, 치아와 골격 발육에 도움이 된다.

부추: 위를 보호하고 양기를 보충하는 부추는 위장을 튼튼히 하며, 통증을 가라앉히고 장을 깨끗이 한다. 부추는 무엇보다 간과 심장에 좋은 채소다.

쑥: 암과 같은 모든 질병에 대한 면역기능을 향상시킨다. 쑥이 가지고 있는 독특한 향은 치네올이라는 성분 때문이다. 치네올은 위액 분비 촉진, 항균, 살균효과가 있다. 쑥에는 항산화작용이 뛰어난 베타카로틴이 풍부하다. 무기질과 비타민이 풍부하다. 철분은 채소 중 으뜸이다.

피망: 피망은 기름성분과 궁합이 잘 맞아 튀기거나 볶아서 먹으면 거친 피부, 스트레스에 매우 좋다. 동맥경화에 효과적이며 신진대사를 촉진하고 피부를 윤택하게 한다.

냉이: 주요성분은 아민콜린, 아세칠콜린, 알칼로이드, 플라보노이드, 탄닌, 모노아민. 유기산 사포닌, 수지 등이며 이러한

성분은 지혈, 수렴, 혈관수축, 자궁수축, 이뇨 등의 작용을 한다. 약효는 비장을 실하게 하며, 이뇨, 지혈, 해독 등의 효능이 있어 비위허약, 당뇨병, 소변불리, 토혈, 코피, 월경과다, 산후출혈, 안질 등의 다양한 효과가 있다. 특히 알칼리성 식품으로 항암효과가 뛰어나다.

고추: 고추의 매운맛은 캡사이신이라는 성분 때문인데 젖산균의 발효를 도와 음식을 발효시키는 데 도움을 준다. 풋고추에는 비타민 A,B,C 등을 다량 함유하고 있다. 비타민C는 감귤의 9배, 사과의 18배나 된다.

오이: 오이는 소변을 순조롭게 하는 이뇨제라서 신장병, 부종, 심장병 등으로 소변이 잘 나오지 않을 때 좋다. 오이를 다른 채소나 과일과 같이 갈아서 즙을 내서 먹으면 비타민C가 파괴되기 때문에 같이 사용하면 안 된다.

케일: 폐암 치료에 뛰어난 케일은 루테인과 베타카로틴 등 각종 비타민이 들어 있다. 케일은 면역력을 높여주고 암을 치료해주는 효과가 있다. 고혈압, 혈전에 좋고, 동맥경화, 니코틴 해독, 노화방지에 도움이 된다.

신선초: 고혈압, 당뇨병, 신경통에 탁월한 효능이 있다. 신선초는 생명력이 왕성하여 오늘 순을 따면 내일 다시 순이 날 정도라 한다. 신선초에는 비타민B1, B2, B6, B12, C, 철분, 인, 칼슘 등이 많이 함유되고 있다.

샐러리: 암과 당뇨병 치료에 효과적이다. 피를 깨끗하게 하고 신

경을 안정시켜주는 작용이 있어 흥분과 불안 증세를 가라앉힌다. 샐러리의 섬유질은 대장에 서식하면서 암성물질을 생성시키는 유해 세균을 흡수하여 배설시킨다. 섬유질이 이러한 유해물질을 없애준다. 따라서 노화, 변비, 암 등을 예방할 수 있다.

5. 癌에 좋은 산약야초

지구상에는 먹을 수 있고 사람들의 몸에 이로운 식물들이 많이 자라는데, 이 모든 것을 다 찾아다닐 수는 없다. 집 근처의 풀밭에 자라는 온갖 야생초도 인간의 생명력을 증진시키는 등 헤아릴 수 없을 정도의 약효를 가지고 있다. 하지만 특이한 희귀식물에 현혹되지 말아야 한다.

갈퀴덩굴(八仙草= 味-苦辛 性-寒): 전초를 항암제로 쓴다. 어린 순을 나물로 무쳐 먹으면 연하고 부드러워 생식이 된다. 늦봄까지 여러 차례 따 먹을 수 있다.

개구리밥(浮萍草= 味-辛 性-寒): 물 위에 떠다니는 수초(물풀)가 소중한 약이 된다. 잎, 줄기, 뿌리를 항암제로 쓴다. 해열, 이뇨, 해독작용, 피부질환에 좋다.

까마중(龍葵용규= 味-苦 性-寒): 전초, 열매, 잎, 줄기를 항암제로 쓴다. 위암에 좋다. 어린 순은 나물로 먹으며 과용하지 않아야 한다.

꿀풀(夏枯草= 味-苦辛 性-寒): 꽃, 씨앗, 전초를 항암제로 쓴다. 특히 자
궁경부암 치료에 좋다. 어린 순을 데쳐 우려내어 나물로 먹
으며 성숙한 잎은 말려서 차로 우려 마신다. 꿀풀 끓인 물로
머리를 자주 씻으면 비듬이 사라지고 신장염, 고혈압, 간염,
소화불량, 가래 기침에도 널리 쓰인다. 그런 질환의 치료를
위해서는 우선 차로 만들어 우려 마시고 음식 조리와 약술
로 애용하면 자신도 모르게 몸이 가벼워진다.

도꼬로마(왕마, 山草薢= 味-苦 性-平): 살찐 뿌리, 줄기를 항암제로 쓴다.
　　　식용은 하지 않는다.

둥굴레(玉竹= 味-甘 性-平): 전초를 항암제로 쓴다. 어린잎은 나물로
먹으며, 뿌리줄기는 된장, 고추장에 장아찌로 먹는다. 옆
으로 길게 뻗는 뿌리줄기를 대단히 중하게 여겨야 하며 이
둥굴레와 일가가 되는 종류가 많이 있다.

마름(菱能= 味-甘 性-凉): 열매를 항암제로 쓴다. 자궁암에 좋다.

머위(蜂斗采= 味-苦辛 性-凉): 잎과 뿌리를 항암제로 쓰다. 잎은 오래
우려내어 나물로 먹는다. 줄기를 데쳐 껍질을 벗기고 무쳐
먹는다.

바위솔(瓦松= 味-酸苦 性-凉): 꽃을 포함한 전초를 항암제로 쓴다. 위
암, 자궁암에 좋다. 식용은 하지 않는다. 생잎을 씹으면 속
이 편안해진다.

쑥(艾= 味-苦, 辛 性-溫, 寒, 凉): 모든 쑥 종류의 전초에서 항암제로 사용

된다. 간암 등 모든 암에 좋다.

약난초(山慈姑 산자고= 味-甘, 微辛 性-寒): 비늘줄기를 항암제로 쓴다. 유방암에 좋다. 식용으로는 쓰지 않는다.

약모밀(어성초魚腥草= 味-辛 性-寒): 전초를 항암제로 쓴다. 폐암에 좋다. 연한 잎과 땅속줄기를 식용하는데 일본에서는 항암제로 많이 알려져 있으며 재배 번식이 수월하다.

인동덩굴(忍冬藤, 金銀花= 味-甘 性-寒): 꽃을 항암제로 쓴다. 위암에 좋다. 어린잎은 식용한다. 말린 꽃을 수시로 차로 우려 마시면 위장이 편해지며 맛이 좋다.

짚신나물(仙鶴草= 味-苦辛 性-平): 전초를 항암제로 쓴다. 각종 암 치료에 두루 쓰이는 약초다. 잎을 말려 자주 달여 마시면 오장을 편하게 해주며 어린잎은 나물로 먹는다.

차즈기(蘇葉): 잎과 씨앗이 항암효과가 뛰어나다. 잎은 향신료로서 가치가 높으며, 잎을 말렸다가 수시로 뭉근히 달여서 음료 대용으로 한다.

하눌타리(括蔞= 味-甘苦 性-寒): 씨앗은 복수 암, 폐농양의 종양을 억제한다. 어린순을 나물로 먹으며 뿌리에서 녹말을 채취하여 식용으로 삼는다. 암에 좋다고 한다.

개망초(一年逢 일년봉= 味-淡 性-平): 들판에서 숱하게 번성하는 개망초, 봄부터 가을까지 계속 새싹이 돋는 싱그러운 생잎은 식용으로 효험이 높다. 업신여긴 흔한 풀이 더 소중하다. 약효에 대한 연구는 별로 많지는 않다. 다만, 상처나 부종과 지혈에 소용되는 것으로 알려져 있다.

개비름·비름(白莧·莧 味·甘 性·凉): 맛좋은 나물 감으로 유명한 개비름은 설사를 멈추고 더위 병을 막으며 영양식으로 뛰어나다. 채소보다 월등히 향취가 있어서 널리 식용하고 있으며, 어느 누구의 입맛에도 알맞기에 성인병 방지에 두루 활용할 만하다. 3월에 씨앗을 뿌리면 가을까지 어린잎을 식용할 수 있다. 맛이 순하고 부드러워 나물로 무쳐 먹거나 국거리로 이용하기 좋다.

냉이(薺菜제채= 味·甘 性·平): 갖가지 질병에 특효를 나타내는 맛이 좋고 뛰어난 영양식품이다. 동맥경화 예방, 만성간염, 빈혈증, 변비, 당뇨병, 고혈압, 각종 출혈성 질환, 눈의 충혈, 이뇨, 감기, 해열 등에 효험이 있음을 옛 경험 의학이 알려주고 있다.

달맞이꽃(月見草= 味·辛 性·溫): 감기 몸살 기관지염에 효력 있다. 씨앗의 기름은 고혈압에도 쓰인다. 주로 어린잎과 뿌리를 약으로 쓴다. 어린잎은 나물감으로 영양물질이 아주 풍부하다. 식용하면 잡스러운 병이 없어진다.

닭의장풀(鴨跖草 압척초= 味·甘 性·寒): 닭의장풀의 당뇨병 민간요법이 있는데 다른 산야초 많은 종류(결명자, 냉이, 메꽃, 맥문동, 두릅나무, 참마, 진황정)도 당뇨병에 유효하다는 추정이 있다. 당뇨병 치료를 위해서는 '소처럼 풀을 뜯어먹고, 소처럼 달리고, 소처럼 일하라. 이것을 실천하지 않으면 안 된다.'라는 말이 있다.

애기똥풀(白掘採= 味-苦辛 性-微溫): 전초를 항암제로 쓴다. 위암 피부
　　암에 좋다, 항암작용을 활성화한다.

두릅나무(楤木皮 총목피= 味-辛 性-平): 뿌리와 줄기의 껍질이 항암 작
　　용을 한다. 위암에 좋다. 소독이 있다.

무화과(無花果= 味-甘 性-平): 열매에서 항암작용이 있다.

우엉(牛蒡子,根= 味-苦 性-寒): 추출액이 항암작용이 있다.

율무(薏苡仁= 味-甘,淡 性-凉): 씨앗이 위암에 좋은 항암작용이 있다.

조릿대(淡竹葉= 味-甘,淡 性-寒): 잎을 항암작용에 쓴다.

조뱅이(小薊= 味-甘 性-凉): 전초를 항암제로 쓴다.

6. 음양오행체질(陰陽五行體質)에 따른 보약

음력으로
1월 2월 3월생은 四君子湯, 氣露茶
4월 5월 6월생은 陰露茶
7월 8월 9월생은 四物湯, 血露茶
10월 11월 12월생은 陽露茶를 먹으면 좋다.

　雙和湯, 十全大補湯, 陰陽双補茶, 無比茶, 麝香茶, 蒸露茶는 體
質에 관계없이 모두가 쓰면 좋다.

① 雙和湯 처방:

  백작약 10g, 숙지황 4g, 당귀 4g, 천궁 4g, 황기 4g, 감초 2g

② 四物湯 처방:

  숙지황, 당귀, 천궁, 백작약 각 4g

③ 血露茶-BBW

  숙지황, 당귀, 천궁, 백작약 각각 100g, 향부자 60g, 목향, 빈랑,

  진교, 맥아, 산사 각각 40g, 홍화 20g

④ 四君子湯 처방:

  인삼, 백출, 복령, 감초 각 4g

⑤ 氣露茶-BOW

  인삼, 백출, 백복령, 감초, 각각 100g, 파극 60g, 맥아, 사인, 진

  피, 건강 각각 40g

⑥ 十全大補湯 처방-双露茶

  숙지황, 당귀, 천궁, 작약, 인삼, 백출, 복령, 감초, 각각100g 황

  기, 육계 각각 80g

⑦ 陰露茶

  숙지황 200g, 산약, 산수유 각각 160g, 백복령, 목단피, 택사,

  각각 120g

⑧ 陽露茶

  숙지황 200g, 산약, 산수유 각각 160g 백복령, 목단피, 택사 각

  각 120g 육계, 오미자 각각 100g

⑨ 陰陽 双補茶

인삼, 백출, 백복령, 산약, 황기, 두충, 우슬, 백작약, 당귀, 천
궁, 구기자, 맥문동, 각각 100g 백자인, 산조인, 산수유, 연자육,
향부자, 오약, 길경, 지각, 후박, 산사 익지인, 생강, 대추 각각
80g 건강, 원지, 오미자, 공사인, 백두구, 감초 각각 40g

⑩ 麝香茶

당귀 300g 천궁, 목향, 박하, 계피, 감초 각각 100g 정향, 사인
각각 50g

⑪ 無比茶

오미자 240g, 육종용 160g, 토사자, 두충 각각 120g, 산약 80g,
백복신, 산수유, 파극, 우슬, 택사, 숙지황 각각 40g

⑫ JRT 蒸露茶

쑥속, 쇠비름, 까마중, 쇠뜨기, 비단풀, 머루, 솔잎, 포공영, 칡,
자소엽, 감국, 짚신나물, 느름나무, 개복숭아, 익모초, 미나리,
어성초, 소루쟁이, 산딸기, 돌나물, 고들빼기, 차전자, 겨우살
이, 금은화, 조릿대, 꾸지뽕나무, 대추, 머위, 애기똥풀, 오갈피
나무, 취, 마늘, 다래나무, 갈퀴나물, 엉겅퀴, 돼지감자, 뽕나무,
비듬나물, 양파, 잣송이

⑬ 세계 5대 건강식품

김치(한국), 렌틸콩(인도), 낫또(일본), 요거트(스위스), 올리브유(이태리)
콩으로 만든 한국의 건강식품: 된장, 고추장, 간장, 청국장

⑭ 중풍·치매예방

하루에 구운 마늘 5쪽, 생 깻잎 5개, 생 양파 1/2개

⑮ 필수 영양소

1일: EPA-DHA 1000mg, Spirulina 1500mg, Brewer's yeast, 1000mg, B-complex 1T, Bee-Pollen 5gm, chitosan 2cap.

덧붙이는 말 - 역사적 인물의 생존 나이는?

인생은 자랑할 것이 없다.

중국의 공자 73세, 중국 진시황제 49세, 인도의 간디 79세, 로마의 네로 31세, 프랑스 나폴레옹 52세, 스웨덴 노벨 63세, 다윗 70세, 다니엘 80~88세, 솔로몬 60세, 마호메트 62세, 독일 베토벤 57세, 그리스 소크라테스 71세, 소련 스탈린 74세, 영국 세익스피어 52세, 인도 석가모니 80세, 몽고 징기스칸 65세, 독일 히틀러 56세, 독일 임마누엘 칸트 80세

4차원의 세계 보이지 않는 손 하나님의 능력과 믿음 치유

제1장 내 몸 체질에 대하여

1. 오행주류 명식(五行主流 命式)이란?

사람은 누구나 한결같이 태어날 때 모태로부터 분리되는 순간 첫울음부터 숨도 스스로 쉬어야 하고, 잠도 스스로 자야 하고, 똥도 스스로 싸야 하고, 밥은 스스로 먹어야 하는데 이것만큼은 스스로 먹을 수 없기 때문에 일정 기간 엄마의 젖을 먹어야 한다. 숨·밥·잠·똥의 시작이 첫울음이다.

'하나님이 사람을 땅의 흙으로 만들고 그 코에 생기를 불어 넣었다'
(창세기 2장 7절)

생기를 불어넣는 순간이 첫울음이다. 내가 태어나는 순간 몇 년·월·일·시가 나의 명세서인 '오행주류 명식'이다.

전지전능하신 하나님께서 말씀의 씨앗으로 무에서 유가 발생한 것이니 이를 창조라고 한다. 천지만물이 하나같이 말씀으로

종자 없이 무에서 발생한 유로서 창조의 조화인 것이다. 우리 인간은 창조의 명세서인 오행주류 명식(五行主流命式)을 타고 난다(창세기 2장7절)

이는 음양오행(陰陽五行)으로 문자화한 운기(運氣)의 명세서로써 오행주류명식(五行主流命式)은 사람을 하나님께서 창조하고 형성한 설계도와 성분을 명세(明細)한 것으로 인명(人名)을 해부하고 분석하며 진단하고 다스리는 것이다. 이는 건축 설계도로써 건물을 관찰하고 진단하는 것과 같다. 설계도를 모르고 건물을 관찰하고 진단하려면 건물을 직접 눈으로 보고 해부하고 분석해야 하지만 설계도를 알면 눈으로 보지 않고도 정밀하고 정확하게 분석하고 진단할 수 있다.

그와 같이 오행주류 명식(五行主流命式)은 단지 인명에 명시된 설계와 음양오행의 성분으로써 인체를 분석하고 만병을 진단하는지라 인체를 보거나 환자와 대화하지 않고도 병증과 오장육부의 허실을 한눈으로 관찰하는 동시에 뿌리까지 수리 과학적으로 해부하고 분석함으로써 만병을 손 하나 대지 않고 다스릴 수 있는 것이다.

이에 따른 오행주류명식(五行主流命式)의 처방은 혈·기·수·화(血氣水火)를 보(補)하는 것이 기본이자 전부다.

2. 사람의 생명과 생리

하나님이 사람을 지으실 때 생명은 처음부터 먹어야만 살 수 있는 생리와 존재조건으로 만들어졌고 생기를 넣어줌으로써 삶을 살게 했다. 그 생리를 만들어낸 것은 바로 창조주 하나님이시다.

하나님은 생명을 물질적인 육신(흙)과 영혼인 생기로 만들었다. 물질은 형체가 있지만 생기는 형체가 없다. 육신은 물질로 만들어진 물상이자 물체로서 물질을 먹고 사는데 반해서 생기는 기체로서 기(영혼)를 먹고 산다. 육신은 60조 개의 세포로서 형성된 세포조직이자 집단이다.

세포는 살아있는 생명체로서 물질을 먹어야만 산다. 먹거리는 물질에서 생산되는 물질의 영양분이다. 물질은 땅에서 발생하고 생산되는 흙의 본질로서 흙에서 생산되는 흙의 영양분인 것이다. 영양분은 액체로서 생명을 먹이고 유지하는 에너지원이다. 영양분을 생산하기 위해선 물질을 얻어야 하고 그 물질을 먹거리라 하며 먹거리를 생산하는 수단으로서 사지오체와 수족을 만들었고 먹거리를 소화 흡수하는 수단으로 오장육부를 만들었다. 오장육부로 하여금 세포가 먹을 수 있도록 정미한 액체로 만든 것을 진액이라 하고 수액이라고도 하는 액체가 바로 혈액(피는 곧 너의 생명)인 것이다.

하나님께서 만들어낸 생명은 동물이든 식물이든 사람이든 먹거리 앞에서는 평등한 것이다. 먹거리를 먹는다는 것은 생명의 절대적인 존재 조건이요, 대명이다. 그 명을 따르는 자는 살고 거역하는 자는 죽음이 있을 뿐이다. 자살은 큰 죄악이다.

이렇게 육신(肉)과 정신(생기)으로 형성된 생명은 혈과 기를 먹고 사는지라 혈기가 왕성하면 육신과 정신이 건전하고 혈기가 부족하면 생명이 허약하고 비정상적 이상 현상을 나타낸 것이 바로 질병이다.

3. 사람의 병증과 병리

대부분은 혈(血)이 부족하거나 기(氣)가 허한 불완전한 인체를 갖고 태어난다. 혈이 부족하면 육신의 세포가 굶주림으로써 여러 가지 이상 현상을 나타낸다. 관절이 쑤시고 아픈가 하면 근육이 오그라들고 땅기며 손가락이 뻣뻣하고 마비가 되는가 하면 팔다리가 저리고 아프며 굴신이 어렵다. 목이 뻣뻣하고 머리가 아프며 눈이 어지럽고 귀가 울리며 허리가 아프고 다리에 쥐가 난다. 하나같이 혈 부족에 의한 세포의 굶주림에서 발생하는 증상들이다.

몸을 구성하는 60조 개의 세포는 수분을 먹고 사는 풀뿌리와 같다. 수분이 풍족하면 뿌리가 부드럽고 자유자재한데 반해서 수분이 부족하면 뿌리가 마르고 오그라들며 필 수가 없이 부자유하고 굳어진다. 세포가 마르고 오그라지면 서로 잡아당김으로써 힘줄이 당기고 쑤시며 아프듯이 세포가 건조하고 굳으면 힘줄이 뻣뻣하고 마비되어 굴신이 어려운 것이다. 인간은 생리상 나무와 같다. 뿌리에서 생산된 수분은 줄기를 통해서 가지로 공급되고 가지를 통해서 잎으로 전달된다. 아래에서 생산해서 위로 공급되고 굵은 것에서 가는 것으로 전달된다. 수분이 풍족하면 서로가 흡족히 섭취함으로써 생기가 만발하고 자유로운데 반해서 수분이 부족하면 서로가 한 방울의 물이라도 섭취하기에 안간힘을 쓴다. 그래서 나무가 가뭄을 타면 가장 연약한 잎부터 시들어간다. 맨 꼭대기에서 아래로 차례로 시들어가듯이 가장 연약한 부분에서 강한 부분으로 차례로 말라간다.

그와 똑같이 피가 부족하면 세포의 생존경쟁도 강자 위주다. 강 한자는 먹고 약 한자는 굶주린다. 세포의 경우 가장 높고 먼 거리에서부터 굶주리고 시들어간다. 인체는 머리가 가장 높지만 손을 들면 손가락이 가장 높고 멀다. 그래서 피가 부족하면 손가락이 맨 먼저 타격을 받고 다음이 머리다. 인체는 몸통이 제일 굵고 강하며 다음이 다리요 다음이 팔이며 다음이 발가락이요 다음이 손가락이다.

나무는 흙 속의 뿌리가 곧 수분을 생산하는 뿌리로서 가장 낮은 위치에 있는데 반해서 사람은 배꼽을 중심으로 한 복부가 바로 혈기를 생산하는 뿌리다. 배꼽은 하늘과 땅의 중간에 있다. 손을 번쩍 쳐들면 배꼽은 반드시 중앙에 위치한다. 배꼽에서 쳐든 손끝까지의 거리와 배꼽에서 발끝까지의 거리는 정확히 똑같다.

그만큼 하나님은 만사에 엄격하고 치밀한 것이다.

배꼽 부위에서 생산된 혈기는 몸통 속에 있는 오장육부가 송두리째 차지하고 갈무리한다. 그리고 간을 통해서 온몸의 세포에게 나누어 준다. 먹고사는 세포는 저마다 간과 직결되어 있다.

세포의 조직을 힘줄이라고 한다. 근(筋)을 말하는 것이다. 간은 힘줄을 통해서 세포에 고루 피를 공급한다. 피는 반드시 산소라는 기를 통해서만이 숨을 쉬고 움직일 수 있음으로써 간혈을 수송 하는덴 폐기가 반드시 동참해야 한다. 혈은 간이주관하고 기는 폐가 주관하기 때문이다. 간은 몸통 안에 위치한다. 간에서 공급하는 피는 가까운 곳에서 시작해서 먼 곳으로 차례차례 공급한다. 피가 만족하면 고루 공급되지만 부족한 경우엔 고루 나누어 줄 수가 없다. 피는 거리와 강약의 차례대로 공급하는 만큼 차례가 멀수록 공급량은 줄어들기 마련이다. 그래서 간혈(肝血)이 부족하고 세포와 힘줄이 굶주리고 건조함으로써 힘줄과 근육이 땅기고 저리며 쑤시고 아픈 것이다.

그 증상이 가장 연약하고 높은 자리에서부터 시작하고 나타날 것은 불문가지다. 그것은 손가락과 머리다. 손가락은 피를 먹는 세포가 단순하고 적은데 반해서 머리는 세포가 가장 많고 복잡하며 조직이 방대한지라 가장 심한 피해와 타격을 받는다. 이목구비(耳目口鼻)가 모두 머리에 위치하듯이 가장 방대하고 치밀한 뇌세포 조직이 바로 머리의 대부분을 차지하고 있는 것이다.

머리가 묵직하고 어지러운가 하면 눈이 어둠침침하고 귀가 울리며 두통이 생기고 정신이 어지럽다. 잠이 오지 않는가 하면 꿈이 산란하고 무서우며 눈에 핏발이 서고 귀가 들리지 않으며 머리가 당기고 쑤시며 빠개지는 것처럼 아프다. 정신이 오락가락 혼미하면서 머리를 내리치고 억누르는가 하면 마침내 뇌가 파열되어서 피가 터지고 정신을 잃은 채 쓰러진다. 이는 눈이 나쁘고 귀가 고장이거나 머리가 잘못되고 뇌가 병든 것이 아니다. 피를 먹고 사는 머릿속의 엄청난 세포들이 피 부족으로 허기지며 마르고 오그라지며 서로 잡아당기는 바람에 발생하는 혈허(血虛)의 현상이자 증상인 것이다. 때문에 피의 공급과 관리만 잘하면 그러한 증상은 씻은 듯이 사라진다.

피를 만드는 것은 오장육부(五臟六腑)로서 오장육부(五臟六腑)가 허약하면 소화흡수가 부족함으로써 피의 부족이 필연적이다. 그 부족을 해소하려면 장부의 허약부터 다스리고 정상화하는 것이 급선무요 순서다. 하지만 장부를 튼튼히 고친다는 것은 쉬운 일이 아니다. 세포는 당장 굶주림에 시달리고 시들어가고 있는데 생산수단인 기능만 만지작거리고 있으면 어찌 되겠는가? 피는 세포가 살아 있는 동안에만 필요한 것이지 말라죽은 다름엔 아무 쓸모가 없는 것이다. 심장이든 간장이든 때를 놓치면 모두가 사후약방문(死後藥方文)인 것이다.

수화(水火)는 천지를 형성하고 유지하며 움직이는 원동력이다. 이들 수화가 움직이면 천지가 움직인다. 천지(天地)가 움직이는 것을 운행(運行)이라고 한다. 운기(運氣)는 춘하추동(春夏秋冬)의 절기를 형성함으로써 규칙적인 진행과 작용과 변화를 한다. 봄이면 싹이 트고 여름이면 무성하며 가을이면 무르익고 시들며 겨울이면 앙상한 나뭇가지가 삭풍에 떨고 있는 것이다.

운기(運氣)는 나뭇가지에 옷을 입히고 꽃을 피우는가 하면 무성한 녹음을 만들고 숲을 우거지게 한 다음엔 하나같이 우수수 시들고 알몸으로 옷을 벗기며 살기 찬 엄동설한에 와들와들 떨게도 한다. 운기는 만물을 창조하고 기르는 하나님이요 사람을 살리고 죽이는 심판자이기도 하다.

이 세상 모든 것은 하나님의 뜻대로 만들어지는 하나님의 조화이자 권리요 마음이다. 춘하추동(春夏秋冬) 풍한서습조화(風寒暑濕燥火)가 하나님의 조화이듯이 만물이 발생하고 성장하며 성숙하고 시드는 것 또한 하나님의 조화다.

4. 음양의 이치

하늘의 氣가 모여서 만들어진 기체이자 氣의 천하인데 반해서 땅은 물질이 모여서 꾸며진 물체이자 만물이다. 氣는 항상 흩어지고 운동함으로써 투명하고 공간을 이루는데 반해서 물체는 항상 뭉쳐있고 정지함으로써 막히고 꽉 차 있다.

氣의 정은 火요 물질의 정은 水다. 火는 항상 위로 타오르고 번지며 밝고 뜨거운 데 반해서 水는 항상 아래로 흐르고 모이며 어둡고 차갑다. 하늘과 땅, 음과 양, 水와 火는 전혀 상반된 위치와 형체 그리고 성질을 가지고 있으며 지극히 대조적이고 대립적이며 영원히 합칠 수 없는 물과 불이기도 하다. 하지만 우주라는 하나의 세계이자 생명체로 눈으로 관찰할진댄 참으로 신기하고 절묘한 하나님의 섭리와 조화에 놀라지 않을 수 없다.

해가 뜨는 것은 양이여요 해가 지는 것은 음이다. 해는 언제나 동방에서 뜨고 중천에 오르면 서방으로 기울여져서 북방으로 진다. 만일 양만 있고 음이 없다면 해는 계속해서 오르기만 하고 마침내는 하늘로 사라질 수밖에 없다. 낮은 있어도 밤이 없듯이 오늘은 있어도 내일이란 있을 수 없다. 그것은 종말이자 파멸이며 비극인 것이다.

음과 양이 있는 곳엔 낮과 밤이 있고 물과 불이 있으며 춘하추동이 있음으로써 생기가 있고 생물이 있으며 발생과 성장이 있고 꽃과 열매가 있으며 노래와 춤이 있다.

5. 오행 · 목화토금수의조화(五行 · 木火土金水의 造化)

음 양 오행의 작용과 의미를 살펴보면 우주만물을 창조하신 하나님은 어쩌면 그렇게 한 치의 오차도 없이 수 천 년을 지나가도 년·월·일·시의 불변함과 정교함을 알 수 있다.

木(목)

木은 나무를 의미하고 나무로 통하고 있지만 오행상의 목은 전혀 의미가 다르다. 木이란 글자를 한문으로 한일자를 중심으로 지상엔 한 가닥이 그어져 있고 지하엔 세 가닥이 그어져 있다. 세 가닥은 지하水를 의미하고 한 가닥은 지상의 氣를 상징한다. 三水一氣를 형성하고 있다.

水를 氣가 끌어 올리고 생물로 만드는 기화의 첫 모습을 그대로 그려낸 문자가 바로 木인 것이다. 그것은 생명이 지상에 처음으로 나타나는 시작과 발생을 의미하는 상징적인 문자로서 모든 시작과 발생을 대변하는 상징적인 대명사인 것이다.

火(화)

열기는 水를 氣로 동화시키는 기화를 가속화하고 극대화시키는 동시에 氣를 상승시키고 좌우로 확산시킴으로써 만물의 성장과 번창을 주재한다. 이는 火의 문자를 살펴보면 쉽게 이해할 수 있다. 三氣二火를 형성하고 있다.

土(토)

양을 표시하는 기호는 플러스(+)요 음을 표시하는 기호는 마이너스(−)다. 음과 양이 하나로 합친 문자를 土라고 한다. 土는 하늘의 양과 땅의 음이 하나로 뭉친 글자다. 土는 중앙에 위치한다고 해서 중앙토(中央土)라고 한다.

金(금)

水는 氣를 따라서 지상에 발생하고 상승하듯이 氣는 水를 따라서 거두어지고 하강하며 땅 밑에 갈무리한다. 水는 만물을 형성하고 발생한다. 水가 氣를 따라 상승하는 봄이면 나무마다 새싹이 트고 잎과 꽃이 만발하며 水가 열기에 의해서 지상에 송두리째 상승하는 여름이면 만물이 무성하게 번창한다. 반대로 氣가 水를 따라 하강하는 가을이면 나무마다 水와 氣를 잃음으로써 水와 氣에 의지하던 잎과 꽃은 젖줄이 끊어짐과 더불어 시들고 사라진다. 그리고 水와 氣가 하나같이 지하에 갈무리되는 겨울이면 지상엔 아무것도 발생하지 않는다.

金은 완전히 성숙한 오곡백과로서 겉은 단단하지만 속엔 꿀과 젖이(먹거리) 가득히 차 있다. 꿀과 젖(먹거리)은 진액으로서 이는 태양의 氣를 통해서 생산하고 수렴한 水인 것이다.

水(수)

金에 의해서 수렴되고 하강하는 氣와 水가 지하에 모두 갈무리되면 지상엔 생기가 완전히 자취를 감춤으로써 살기 찬 한기만이 가득 차 있다. 이를 水라하고 겨울이라 한다. 水는 문자 그대로 지평선이 없듯이 지상에 나타난 물체가 전혀 없다. 겨울엔 만물의 창조와 발생을 찾아볼 수 없다. 氣가 없는 곳에 생기가 있을 리는 없다.

6. 오행과 절기(五行과 節氣)

오행이 진행되는 운기(運氣)의 순환과정을 구체적으로 명시하고 命名(명명)한 것을 계절이라 하고 절후라고 한다.

오행(五行)은 발생의 기수인 木에서 시작해서 성장하는 火와 장가가고 임신하는 土를 거쳐서 성숙하고 수렴하는 金과 갈무리하고 폐쇄하는 水를 통한 다음 다시 임신해서 발생하는 木으로 부활하고 회생하듯이 쉴 새 없이 순환한다.

발생하는 木은 봄을 형성하고 성장하는 火는 여름을 꾸미며 거두고 갈무리하는 金은 가을을 나타내고 갈무리해서 적막한 水는 겨울을 상징한다. 土는 계절마다 가지고 있는 자궁이요 산실로서 일정한 절기를 가지고 있지 않다. 土는 생하고 사하는 것이 없다. 아무리 두들기고 찌르며 갈라도 피 한방울 나지 않는 것이 土이듯이 영원히 사라지지 않는 불변의 존재가 土다. 생하고 사하는 것은 목화금수(木火金水)의 사행(四行)으로서 오고가는 것은 춘하추동(春夏秋冬)뿐이다.

7. 음양오행설(陰陽五行說)

인체의 겉과 속을 음양(陰陽)으로 말하면 밖은 양(陽)이고 안은 음(陰)이다. 인체로 음양(陰陽)을 말하면 등은 양(陽)이고 배는 음(陰)이며 인체의 장기(臟器)로 음양(陰陽)을 말하면 장(臟)은 음(陰)이고 부

(賦)는 양(陽)이다. 즉, 간, 심, 비, 폐, 신(肝, 心, 脾, 肺, 腎)의 오장은 모두 음(陰)에 속하고 담, 위, 대장, 소장, 방광, 삼초(膽, 胃, 大腸, 小腸, 膀胱, 三焦)는 모두 양(陽)에 속한다.

몸 밖과 몸 안은 서로 상대적이므로 안이 있으면 반드시 밖이 있다. 오장은 영양을 만들어 내부에 저장하는데 육부는 음식을 소화 흡수하여 영양물질은 장으로 보내 저장하고 노폐물은 외부로 배설한다.

음장과 양부 역시 상호 상대적이므로 장이 있으면 반드시 부가 있다. 이처럼 몸의 안과 밖, 등과 배, 장과 부는 음양이 상대 대립하는 두 가지 속성이 있음에도 불구하고 통일되어 상반상성(相反相成 서로 반대되면서도 일정한 조건 아래서는 서로 잘 조화 하는 것) 작용을 한다.

상대와 통일의 협조 관계는 인체의 건강을 유지시켜주는데 이것이 이른바 "음양이 평형을 이루면 정신이 다스려진다"고 하는 것이다. 만약 상대적 대립과 통일 관계가 파괴되면 생명 활동에 병이 발생하는데 이것이 이른바 "음양의 평형 관계가 파괴되면 정기가 끊어진다."고 하는 것이다.

음양의 대립은 상대적인 것이지 절대적인 것이 아니다. 따라서 양자는 항상 서로 조화되어 끊을래야 끊을 수 없는 불가분의 관계로 나타난다. 즉 "음(陰) 속에 양(陽)이 있고 양(陽) 속에 음(陰)이 있다."

하루를 예로 들면 낮은 양에 속하고 밤은 음에 속하는데 낮 중에서도 오전은 양중(陽中)의 양(陽)이고 오후는 양중(陽中)의 음(陰)이다. 저녁부터 새벽에 닭이 울 때까지는 음중(陰中)의 음(陰)이고 닭이 울 때부터 해가 뜰 때까지는 음중(陰中)의 양(陽)이다. 그러므로 인체 역시 이와 상응한다. 즉, 등은 양(陽)에 속하는데 등의 심(心)은 양중(陽中)의 양(陽)이고, 폐(肺)는 양중(陽中)의 음(陰)이다. 배(복부)는 음(陰)에 속하는데 복부의 신(腎)은 음중(陰中)의 음(陰)이고 간(肝)은 음중(陰中)의 양(陽)이며 비(脾)는 음중(陰中)의 지음(至陰)이다.

음양(陰陽)의 두 가지 측면은 결국 서로 뿌리를 두는 것인데 만약 갈라놓을 수 있다면 곧 그 대립 통일의 의미를 잃게 된다. 낮이 양(陽)이면 밤이 곧 음(陰)이다, 그러나 오전은 양기(陽氣)가 가장 왕성한 시간이고 오후는 양기(陽氣)가 점차 쇠퇴하는 시간이므로 전자는 양중(陽中)의양(陽)이고 후자는 양중(陽中)의 음(陰)이 된다. 자정(子正) 전은 음기(陰氣)가 가장 왕성한 시간이고 자정(子正) 이후는 음기(陰氣)가 점차 쇠퇴하는 시간이므로 전자는 음중(陰中)의 음(陰)이고 후자는 음중(陰中)의 양(陽)이 된다.

등과 배를 음양(陰陽)으로 나눈다면 오장(五臟)은 복부 쪽에 위치하므로 모두 음(陰)에 속한다고 해야 할 것이다. 그러나 심(心)장과 폐(肺)장은 모두 흉격의 상부에 위치하여 배부에 연계되어 있으므로 양(陽)장이라 하는데 실제로 인체의 생리적인 기능 면에서도 양(陽)의 작용을 한다. 다만, 심(心)장은 화(火)를 쓰임으로 하고 폐(肺)장은 전신의 기(氣)를 주관하고 심(心)장을 도와 전신의 기능을 조절하므로 다시 양중(陽中)의 양(陽)과 양중(陽中)의 음(陰)으로 구별된다.

비(脾)장과 간(肝)장은 모두 흉격 하부에 위치하여 복부와 연계되어 있으므로 음(陰)장이라 하며 실제로 기능 면에서도 음(陰)의 작용을 한다. 다만 비(脾)장은 중앙토(中央土)에 속하여 운화를 주관하고 음양 상하(陰.陽上下)의 문지도리 역할을 하므로 "지음(至陰)"이라 한다. 지(至)란 상하왕복의 뜻이다. 예를 들면 동지(冬至)에는 양(陽)이 다시 시작되므로 지(至)라하고 하지(夏至)에는 음(陰)이 다시 생겨나므로 역시 지(至)라 하는데 그 뜻은 모두 같다.

신(腎)장은 수(水)에 속하고 음정(陰精)을 저장하므로 음중(陰中)의 음(陰)이라 하며, 간(肝)장은 목(木)에 속하고 소양(少陽)과 같으므로 음중(陰中)의 양(陽)이라 한다.

이처럼 음양(陰陽) 속에서 다시 음양(陰陽)을 나누는 것은 자연계는 물론이고 인체 역시 마찬가지이므로 절대적인 음양(陰陽)이란 존재하지 않는다. 음(陰)과 양(陽)은 운동과정에서 상호전화한다. 예를 들면, "내경영추영위생회"편에서 수태음경(手太陰經)은 영기를 주관하고, 족태양경(足太陽經)은 위기를 주관하는데 각각 전신을 25바퀴씩 주야로 순행한다고 하였다.

즉, 인체의 혈액순환은 낮에 25바퀴 밤에 25바퀴 합하여 하루에 50회를 쉬지 않고 밤. 낮으로 음양이 교체되면서 피가 돌고 있다는 것으로 해석된다.

자정(子正)은 음기(陰氣)가 가장 왕성한 때이고 자정(子正)이 지나면 음기(陰氣)가 쇠퇴하며 동이 틀 무렵에는 음기(陰氣)가 완전히 쇠퇴하고 양기(陽氣)가 뒤이어 일어나기 시작한다.

정오(正午) 무렵은 양기(陽氣)가 가장 왕성한 때이고 정오(正午)가 지나면 양기(陽氣)가 점차 쇠퇴하며 해 질 녘에는 양기(陽氣)가 완전히 쇠퇴하고 음기(陰氣)가 뒤이어 일어난다.

이처럼 쉬지 않고 순행하는 것은 자연계에서 해가 지면 달이 뜨고 달이 지면 해가 뜨는 이치와 같다고 한 것과 같다. 이것은 인체의 영기와 위기의 운행이 낮과 밤 음경과 양경으로 상호전화됨을 말한다. 이러한 전화규율은 대자연의 음양조화 규율과 조금도 다를 바가 없음으로 "여천지동기(與天地同紀)"라고 하는 것이다.

자연계의 음양전화 가운데서 가장 뚜렷한 것은 기후 변화다. 즉 사계의 기후변화는 추위가 오면 더위가 물러가고 더위가 오면 추위가 물러가는 것으로 나타난다. 즉, 음(陰)이 지나치게 성하면 양(陽)으로 전변하고 양(陽)이 지나치면 반드시 음(陰)으로 전화된다. 음(陰)은 한(寒)을 주관하고 양(陽)은 열(熱)을 주관하므로 한(寒)이 지나치게 성하면 열(熱)로 변하고, 열(熱)이 지나치게 성하면 한(寒)으로 변한다. 그러므로 한(寒)이 열(熱)을 낳고, 열(熱)이 한(寒)을 낳는다는 말이 있는데 이것은 음양(陰陽)이 변화하는 규율이다. 라고 한 것과 같다.

음(陰)이 차고 양(陽)이 뜨거운 것은 음양(陰陽)의 정상적인 기(氣) 작용이다. 단, 한(寒)이 극에 달하면 열(熱)이 발생하는데 이것은 음(陰)에서 양(陽)으로 전변하는 징후로서 사계절에 있어서 가을과 겨울이 지나면 봄과 여름이 오는 것과 같다.

열(熱)이 극(極)에 달하면 한(寒)이 발생하는데 이것은 양(陽)에서 음(陰)으로 전변하는 징후로서 사계절에 있어서 봄, 여름이 가면 가을, 겨울이 오는 것과 같다. 이처럼 한(寒)과 열(熱)이 음양(陰陽)으로 바뀌는 것은 "물극위지변(物極爲之變)"이라 한다.

움직이기 시작하면 양(陽)이 생기고 움직임이 극(極)에 달하면 음(陰)이 생긴다. 고요해지면 부드러움이 생기고 고요함이 극에 달하면 강함이 생긴다고 하였는데 이것은 모두 사물(事物)이 극(極)에 달하면 반전되고 음양(陰陽)의 두 상대되는 국면의 움직임이 극(極)에 달하면 반드시 전화되어 상반되는 현상이 나타남을 설명한 것이다.

8. 오행 상생 상극 비화(五行 相生 相剋 比化)

오행(五行)으로 목(木)은 갑을, 인묘, (甲乙,寅卯) 화(火)는 병정 사오(丙丁, 巳午) 토(土)는 무기,진술,축미(戊己, 辰戌丑未) 금(金)은 경신, 신유(庚辛,申酉) 수(水)는 임계, 해자(壬癸,亥子)로서 오행 주류 명 식(五行柱流命式)의 천간십이지(天干, 十二支)를 오행(五行)으로 구분한 것이다.

이들이 어느 한쪽으로 성(盛)태과하면 폐해가 발생하여 정상적인 생리 활동에 영향을 미치므로 상응하는 기(氣)가 와서 이를 제약해야 하며 정상적인 제약(克)이 있어야만 비로써 정상적인 생리활동이 유지된다. 만약 어느 한 오행이 태과(太過)하여 생리활동을 문란케 하면 반드시 큰 병이 발생한다고 본다.

오행의 상생 즉 그 순서는 목생화(木生火), 화생토(火生土), 토생금(土生金) 금생수(金生水), 수생목(水生木), 다시 목생화(木生火) 하는 등 끊임없이 반복된다. 왜 이처럼 상생하는 순서가 있고 또한 그들 간에는 어떻게 상생하는가에 대하여 황제내경에서 춘 하 장하 추 동(春夏長夏秋冬)의 다섯 계절이 순서에 따라 변화함을 설명하였다.

예를 들면 봄의 맥은 간(肝)과 상응하고 동방의 목(木)에 속하는데 봄은 만물이 생장하는 계절이다. 여름의 맥은 심(心)과 상응하고 남방의 화(火)에 속하는데 여름은 만물이 무성해지는 계절이다. 가을의 맥은 폐(肺)와 상응하고 서방의 금(金)에 속하는데 가을은 만물을 거두어 들여지는 계절이다. 겨울의 맥은 신(腎)과 상응하고 북방의 수(水)에 속하는데 겨울은 만물이 폐장되는 계절이다. 한여름(長夏)의 맥은 비(脾)와 상응하고 중앙(土)에 속하는데 한여름은 만물이 화(化)하는 계절이다. 특히 토(土)를 중앙이라 한 것은 사계절을 연계하여 어느 한 곳에 취우 침이 없이 고르게 작용하므로 화(化)라 한 것이다.

이로써 목생화(木生火)란 곧 봄으로부터 여름이 온다는 것이고 화생토(火生土)란 곧 여름으로부터 한여름이 온다는 것이고 토생금(土生金)이란 곧 한여름에서부터 가을이 온다는 것이고 금생수(金生水)란 곧 가을로부터 겨울이 온다는 것이며 수생목(水生木)이란 곧 겨울로부터 봄이 온다는 것임을 알 수 있다.

이처럼 다섯 계절이 순서에 따라 상생하는 것은 자연 변화의 규율이 있기 때문이다. 생(生)은 봉양(奉養)의 뜻이다. 따라서 가을에 겨울을 위하여 양생하는 것을 봉장(奉藏)이라하고 겨울에 봄을 위하여 양생하는 것을 봉생(奉生)이라 하며 봄에 여름을 위하여 양생 하는 것을 봉장(奉長)이라 하는데 이것은 곧 상생의 뜻이다. 일 년 5계절 즉 춘목(春木), 하화(夏火), 장하토(長夏土), 추금(秋金), 동수(冬水)가 순서대로 상생하면 춘생(春生) 하장(夏長) 장하화(長夏化) 추수(秋收) 동장(冬藏)의 생화가 질서 정연하게 움직이고 있는 것이다.

오행의 상극 즉 그 규율은 금(金)은 목(木)을 극하고 목(木)은 토(土)를 극하며 토(土)는 수(水)를 극하고 수(水)는 화(火)를 극하며 화(火)는 금(金)을 극하는 것인데 극이란 제약을 뜻한다.

상극이란 태과함을 제약하는 것이다. 목(木)은 발산하는 성질이 있는데 금기(金氣)가 이를 수렴함으로서 목(木)이 지나치게 발산하지 않게 하고 화(火)는 위로 치솟아 오르는 성질이 있는데 수기(水氣)가 이를 누그러트림으로써 화(火)가 지나치게 치솟지 않게 하며 토(土)는 성질이 습윤한데 목기(木氣)가 이를 유도함으로써 토(土)가 지나치게 습하지 않고 금기(金氣)의 수렴하는 성질이 있는데 온기가 따뜻하게 함으로써 금기(金氣)가 지나치게 수렴하지 않으며 수(水)는 가라앉아 적시는 성질이 있는데 토기(土氣)가 이를 참설 함으로서 수기(水氣)가 지나치게 적시지 못하게 하니 오행상생상극 작용이 모두 자연의 오묘한 기화(氣化)이다.

이로써 오행간의 상호제약은 주로 태과함 을 막아 정상을 유지하는 것임을 알 수 있다. 만약 이 태과한 정황이 발생했다 하더라고 제약하는 작용을 통하여 그 태과한 것을 억제하여 정상으로 회복시킬 수 있다. 이로서 상생, 상극은 모두 기(氣)로서 말한 것이지 물질(物質)로서 말한 것이 아니다. 물질이 이루어지면 상생, 상극할 수 없다고 하는데 이는 상생 상극하는 오행은 이미 사물의 본질과 추상을 인식한 데서 오는 이성적인 지식으로 사물의 상호관계를 분석하는 일종의 방법이며 이미 다섯 가지 사물의 본체를 가리키는 것이 아님을 말한다.

즉 황제내경 소문에서 "삼양삼음(三陽三陰)으로서 육기(六氣)를 명명하고 육기(六氣)를 장부경락에 배속시킴으로써 질병의 원인을 언급한다."고 한 것과 같다. 예컨대 간(肝)은 유화(柔化)한 것을 아름다움으로 삼고 생발지기(生發之氣)를 가지고 있으므로 능히 굽고 능히 곧을 수 있는 목(木)으로서 간(肝)을 지칭하였으며 비(脾)는 운화(運化)를 주관하고 정기(精氣)를 생화(生化)하는 원천이므로 만물을 생화하는 토(土)로서 비(脾)를 지칭하였다.

따라서 목(木)이라고 해서 절대로 "나무"라고 할 수 없으며 비록 토(土)라고는 하나 이 역시 "흙"이라 할 수 없다. 이러한 관점은 매우 중요한 것으로서 오행(五行)만 알고 이것을 모른다면 이를 그릇되게 말한 것이며 그 상생 상극의 참뜻을 깨닫지 못할 것이다.

이런 관점에서 "오행주류명식(五行主流命式)" 이라는 것은 인간이 태어날 때 갖는 년주(年柱), 월주(月柱), 일주(日柱), 시주(時柱)를 천간 天干 지지(地支) 음양오행(陰陽五行)으로 풀어서 장부(臟腑)의 허(虛) 실 (實)을 파악하여 허(虛)한 것은 생(生)하여 주고 실(實)한 것은 사(瀉) 하여 줌으로서 음양의 균형을 이루게 하여 생체의 건강을 유지 시켜주게 할 수 있다.

9. 오행체질 분류법(五行體質 分類法)

자연치유3D요법이란? 혈액을 맑게, 면역력을 강하게, 몸을 이 롭게 하는 방법이다.

인간은 누구나 건강 장수하기를 바란다. 그러나 이런 소망과는 달리 세상에는 건강하여 행복한 사람도 많지만 건강하지 못하여 고생하는 사람도 많다. 따라서 약도 많고 치료법도 많다.

자연치유3D요법은 음양오행주류 명식에 바탕을 둔 치료법으 로 병원의 근본을 밝혀내어 치료하는 전신적인 치료법이다. 다 시 말해서 국소적인 치료도 전신에 기초를 두고 병원의 근본을 밝혀 자연에 가장 가까운 치료법을 찾아 치료함으로서 건강을 유지 증진하자는 것이다.

모든 병의 원인은 인체의 독소 화에서 오는 것으로 혈액의 독 소를 제거하고 혈액을 정화하면 병의 원인이 차단되어 자연히 병이 치료된다.

자연치유3D요법은 인체의 자연 치유력에 바탕을 둔 올바른 식사, 적당한 운동, 깊은 호흡, 심리치료(스트레스 해소) 등을 통해서 건강을 얻을 수 있고 질병의 원인 치료를 할 수 있다. 자연치유3D요법의 권장은 물론 현대의학의 과학적인 치료법이나 수술 등을 통한 적극적인 치료법을 외면하자는 것은 결코 아니며 다만 우리들이 일상생활에서 생활하는 가운데 열심히 실천함으로써 때로는 약을 사용 하는 데 있어 오용남용으로 인하여 발생하는 부작용으로부터 우리를 지켜줄 수 있을 것으로 생각하기 때문이다.

우리 국민은 최근 20~30년간 많은 경제적 발전을 했음이 사실이다. 생활의 편리화를 비롯해 현대문명의 갖가지 혜택을 누리고 있는 우리 국민의 생활은 과거 해방 전후 시대를 살아온 사람들은 꿈에도 생각지 못했던 극도의 문명화된 사회를 이루고 있다.

이 같은 일상생활의 편리화는 인류 문명의 위대한 선물이라고 할 수 있으며 따라서 감사하는 마음으로 누려야 되리라 생각한다. 그러나 생활의 편리화를 극도로 추구하려는 자세는 오히려 우리에게 큰 위해를 끼치고 있음도 사실이다. 예를 들면 환경오염이라든가 공해가 바로 이런 것으로 우리의 건강과 생명을 좀먹으려 하고 있는 것이다. 이와 마찬가지로 생활의 편리화를 위해 개발된 가공식품, 인스턴트식품, 육가공식품의 과소비와 더불어 서구화된 육식위주의 식생활과 우리의 고유 식생활을 멀리하도록 기성세대의 방관이 신세대 젊은이들이 질병으로 고통받는 길로 가고 있음은 어느 누구도 부인할 수 없는 사실이다. 더욱이 오염된 물, 오존층의 파괴로 자외선의 증가, 방사선, 농약, 질소 산화물, 의약품의 남용 등 이루 헤아릴 수 없이 많은 것이 인체 내에 알게 모르게 독소로서 작용하여 몸에 축적 되고 있는 것이다.

우리의 몸은 신비로 가득 차 있다. 놀랄 만큼 정교하며 어떤 컴퓨터도 흉내 내지 못할 정도로 구조가 복잡하다.

인체는 생명체의 최소단위인 세포가 약 60조로 구성되어 있으며 세포들이 서로 복잡하게 얽혀 각 기관과 장기를 만들며 우리 몸을 유지하고 있다. 의·약학은 나날이 발전하고 있고, 의료기기와 의약품, 진단과 치료방법, 예방의학의 눈부신 발전으로 인간의 수명도 눈에 띄게 연장되었다. 예방의학도 이제는 병의 조기 발견, 진행 방지라고 하는 2차 예방에서 벗어나 병을 예방하고 나아가 건강을 증진시키는 1차 예방으로 변해야 한다고 생각한다. 건강진단을 받고 나면 병이 있는 사람은 진단과 치료를 받아야 하고 이상이 있는 사람은 대책을 마련해야 하며 정상인 사람은 정확한 체력 평가를 자기에게 맞는 생활을 하여 건강을 유지해야 한다.

그러기 위해서는 오행주류 명식에 의한 체질과 내 몸의 구조 즉 어디에 어떤 장기가 있으며 그 장부의 허와 실을 알고 어떤 기능을 하고 있는가를 최소한의 지식이 필요하다. 건강은 자기 자신이 관리하는 것이지 부모 형제 친구가 대신해 줄 수가 없다.

나의 병은 내가 그동안 살아온 삶의 결과라고도 한다. 건강을 지키기 위해서는 우선 인체 내에 쌓여 있는 독소를 제거해야 하며, 다시는 독소가 쌓이지 않도록 자연치유3D요법과 더불어 올바른 식사, 적당한 운동, 깊은 호흡, 바른 마음으로 생활하는 것이 무엇보다 중요하다. 아무리 좋다는 보약 열 번, 스무 번 먹으면 무얼 하겠습니까? 인체에 쌓인 독이 있는 한 무슨 의미가 있겠습니까? 더러운 꾸정물에 생수를 부은들 그 물이 깨끗해지지 않음과 같이 인체의 독을 제거하는 것이 무엇보다 큰 보약이 될 수 있다.

10. 오행주류 명식(五行主流命式)과 체질(體質)

모든 체질은 주기와 절기에 의해서 형성됨으로써 주기와 절기의 오행을 그대로 나타내고 대변한다.

봄은 만물이 발생하고 상승하는 목기가 왕성한 반면에 거두고 하강하는 금기가 가장 허약하다. 그와 같이 봄 태생의 목체는 간담의 성분이 왕성한 반면에 폐와 대장의 성분이 가장 부족하고 허약하다. 가을은 만물을 수렴하는 금기가 왕성한 반면에 목기가 가장 허약하다. 그와 같이 가을 태생의 금체는 폐와 대장의 기능이 왕성한 반면에 간담의 기능이 허약하고 부족하다. 인체와 오장육부는 체질을 기본으로 형성된 체질의 기상이자 형상으로서 체질을 알면 그의 오장육부는 정확히 분석하고 관찰할 수 있다. 가령 火의 체질을 가진 火체는 심장과 소장의 성분이 왕성한 반면에 신장과 방광의 기능이 허약하고 부족하듯이 水의 체질을 가진 水체는 신장과 방광의 성분이 왕성한 반면에 심장과 소장의 성분이 허약하고 부족하다. 이제 인체와 오장육부를 체질 본위로 분석하고 관찰해 보기로 하자.

木체의 생리

木은 입춘인 인월과 경칩인 묘월에 왕성함으로써 봄의 주기가 된다. 木의 주기로 형성된 인체를 木체라 한다. 인월과 묘월생은 하나같이 木체에 속한다. 木은 문자 그대로 三水一氣를 상징한다. 水를 상징하는 뿌리는 셋이고 氣를 상징하는 줄기는 하나인 것이다. 이는 水는 많은데 氣는 적음을 암시한다. 木의 천직은 기화에 의한 창조와 발생이다. 木은 이제 막 발생하는 어린 생기로서 水와의 비중은 三對一이다. 三水를 기화시키려면 三氣가 있어야 하는데 겨우 一氣뿐이니 전혀 역부족인 것이다.

오장육부가 먹고사는 영양분인 血을 흡수하고 갈무리해서 사지오체와 세포에게 고루 공급하는 장부는 肝이다. 肝은 나무줄기와 똑같은 성능을 가지고 있다. 줄기는 자나 깨나 수분을 가지와 잎들에게 충분히 공급하는 것이 일과이듯이 肝은 血을 알뜰히 갈무리해서 장부와 세포에게 쉴 새 없이 공급해야 한다. 肝은 선천적으로 무리한 과욕을 타고난 것이다.

오장육부가 저마다 형태가 다르듯이 생태와 생리가 다르고 직분이 다르다. 血을 갈무리하고 공급하는 것은 肝이듯이 氣를 갈무리하고 관리하며 공급하는 것은 肺가 하는 일이다. 水는 氣가 없이는 꼼짝할 수가 없듯이 肝血은 肺氣가 없이는 한 치도 움직일 수가 없다.

肝木은 오로지 肺金에 의해서 기화하고 생혈하며 장혈하고 공급하는지라 肺金을 떠나선 아무것도 할 수 없을뿐더러 잠시도 살 수가 없다.

木은 왕이요 金은 신하다.

火체의 생리

뜨겁고 무더운 열기가 치솟는 입하인 巳월과 망종인 午월에 태어난 여름 태생을 火체라고 한다. 火氣가 왕성한 火체는 火가 主氣요 主체이다. 火체는 火氣가 왕성한 기화 작용이 큼으로써 지하수를 몽땅 기화하고 생물화해서 마침내 생물의 숲을 이룬다. 그 만발한 기화현상이자 녹음의 천하가 바로 여름의 火체다.

火는 지하 三水가 고스란히 지상으로 나타나고 두 가닥의 작은 꼬리만이 남아있는 三氣二水의 형상이다. 火는 三氣二水로서 水가 극도로 줄어 붙은 가뭄상태다. 火체는 선천적으로 열기가 치솟는 백사장에 형성된 사막과도 같아 水를 개발하는 것이 소망이다.

火체는 불안과 공포에 사로잡히기 쉽고 두려움을 많이 타고 겁이 많다. 불안과 공포와 두려움과 겁으로부터 탈피하는 수단과 방법이 바로 마음의 등불이요 지팡이인 신앙이다. 火체에게는 허약한 마음을 보살피고 인도하는 빛과 양식으로서 信仰을 가짐으로써 의지가지요 활력소가 된다. 腎水는 心火를 군왕으로 섬기는 유일한 충신이다.

土체의 생리

土는 수태하는 자궁으로서 잉태하는 것이 천직이다. 土는 天陽과 地水로 형성되어 있어 당연히 水火가 동거하는 陰陽을 갖고 있다. 木火는 양이 많고 음이 적으며 金水는 음이 많고 양이 적다.

만물은 저마다 土에서 생하고 의지함으로써 五行은 저마다 土를 간직하고 있다. 東方木은 辰土를 간직하고 있듯이 南方火는 未土를, 西方金은 戌土를, 北方水는 丑土를 저마다 지니고 있다.

천하를 형성하는 영토로선 辰은 木의 땅이요 무덤이고 未는 火의 땅이며 무덤이고 戌은 金의 땅이요 무덤이고 丑은 水의 땅이요 무덤이다. 생명을 잉태하고 출산하는 자궁이자 산모로선 辰은 火의 어머니요 未는 金의 자궁이며 戌은 水의 산모요 丑은 木의 모체가 된다.

五行을 陰陽으로 분류하면 사상(四象)이 된다. 木火는 陽이요 金水는 陰이다. 이를 세분하면 木은 같은 陽이지만 어린양으로서 少陽이라 하고 火는 성숙한 陽으로서 太陽이라고 하듯이 金은 같은 陰이지만 자라나는 어린 陰으로서 少陰이라 하고 水는 무르익은 陰으로서 太陰이라고 한다. 辰土는 少陽에 속하고 未土는 太陽에 속하며 戌土는 少陰에 속하고 丑土는 太陰에 속한다. 이름대로 분석하면 少陰 太陰은 水의 대명사요 少洋 太陽은 火의 대명사다.

土는 일생을 四主의 종복으로서 四臟에 충성을 다해야 한다. 四主중 어느 하나라도 허약하면 소화흡수가 잘 안 된다. 金水가 부족하면 대장의 수렴과 방광의 갈무리가 부족해서 소화는 잘되나 흡수가 어려워서 血虛가 심하게 나타나듯이 木火가 부족하면 소화가 어려울뿐더러 흡수도 부진해서 氣虛와 血虛증이 나타난다. 체질상으로는 陰土인 辰土와 丑土체는 陰水는 있으나 陽火가 부족함으로써 장부가 굶주리고 허기져서 위기에 빠진다. 陽土인 未土와 戌土체는 陽火는 있으나 陰水가 부족함으로써 金水를 얻으면 가뭄에 단비를 만나듯이 소화와 흡수가 잘되는 반면에 金水를 얻지 못하면 비록 소화는 되도 흡수를 하지 못함으로써 血虛가 심하고 마침내 위기에 직면하게 된다.

金체의 생리

입추 申월과 백로 酉월의 절기를 타고난 가을 태생을 金體라고 한다. 金이 主氣이자 왕기인 金體는 氣가 왕성함으로써 오장육부(五臟六腑)에게 氣를 공급하고 모든 氣를 주관한다. 血은 기름이고 연료이며 氣는 기름을 연소해서 발생하는 전기이자 陽氣다. 가을은 모든 水氣가 열매 속에 수렴되고 건조한 氣만이 가득 차서 水가 승천하는 증발이 사라지듯이 水와 강우도 구경하기가 어렵다. 天地가 메마른 가을의 主氣를 타고난 金體가 선천적으로 건조한 체질임을 알 수 있다.

氣는 하늘로 상승하는 것이 천성이며 血은 아래로 흐르고 뭉치는 것이 천성이다. 이는 해가 뜨고 지는 하루의 일과 같다. 아침에 金氣가 肝血을 氣化해서 지상으로 유도하고 중천인 心火까지 상승시키면 하오엔 肝血이 火氣를 냉각시키고 水化해서 땅으로 유도하고 지하인 腎水까지 강하시키는 것이다. 봄은 아침이요 여름은 정오이며 가을은 저녁이요 겨울은 밤이다. 봄과 여름엔 氣가 지하수를 氣化하고 心火로 상승시키는 작용을 하듯이 가을과 겨울엔 水가 하늘의 氣를 수렴하고 水化해서 腎水로 강하시키는 작용을 하는 것이다.

水체의 생리

입동 亥월과 대설 子월에 태어난 겨울태생을 水體라고 한다. 水가 主氣인 水體는 차가운 寒水로서 인체 또한 寒冷이 극심해서 생기와 생혈이 부족하다. 水가 의지하는 것은 火다. 水體는 火가 극도로 부족하고 허약하다. 인체는 陽火를 자급자족하는 인공태양을 가지고 있다. 그 인공태양을 명문(命門)이라고 한다. 명문(命門)은 腎의 기능이다. 腎은 유독 두 개의 기능을 가지고 있다. 좌측에 寒水인 腎水를 가지고 있고 우측에 陽火를 생산하는 명문(命門)을 가지고 있다. 명문(命門)은 心火를 대신해서 火를 생산

공급하는 心의 재상으로서 상화(相火)라고 한다. 상화(相火)의 작용으로 腎水는 水가 아닌 精으로서 얼지는 않는지라 寒氣에도 상하지 않는다. 心火는 태양의 열기요 상화(相火)는 지구 속의 열기와 같다.

11. 12체질에 의한 3D건강프로그램

자기의 체질은 태어나는 순간에 이루어지며 정해진 체질 또한 영원히 불변한 것이다. 세상에 태어날 때 육신의 탯줄을 끊는 순간 5운(목, 화, 토, 금, 수) 6기(풍, 한, 서, 습, 조, 화)에 의한 '선천적 삶'의 체질이 된다.

이는 곧 봄, 여름, 가을, 겨울 4계절 중 어느 한 계절에 태어나게 되며 봄(입춘,경칩,청명), 여름(입하,망종,소서), 가을(입추,백로,한로), 겨울(입동,대설,소한) 12절기 중 어느 한 절기에 태어난다. 즉 자기가 태어난 년, 월, 일, 시가 나의 체질이요 선천적 삶의 체질이 되는 것이다. 봄 태생을 5행으로 보면 목 체질, 여름 태생은 화 체질, 가을 태생은 금 체질, 겨울 태생은 수 체질로서 4체질로 분류되며 목 체질은 소목, 장목, 노목체질, 화 체질은 소화, 장화, 노화체질, 금 체질은 소금, 장금, 노금체질, 수 체질은 소수, 장수, 노수체질 12절기에 의한 12체질로 분류된다.

이것은 제가 오랜 약사생활에서 얻은 마지막 건강프로그램으로 자연이 주는 '여섯의 전문가'(맑은 물, 깨끗한 공기, 밝은 햇볕, 자연의 흙,

울창한 숲과 나무, 자연식품)를 이용한 'SI벡터자연치유 요법'이다. 즉 "3D건강프로그램" 이것은 몸을 청소해주고 도와주며, 유전적으로 취약한 조직들을 강화해주고, 스트레스와 압박으로 시달리는 마음을 진정시켜 준다. 내 몸 청소를 하는 '디톡스(Detox)', 내 몸 재생을 위한 '디팻(Defat)', 내 몸 유지를 위한 '다이어트(Diet)'가 있다. 이들 모두를 실천함으로써 완전한 내 몸 청소, 정화, 강화, 재생이 된다. "3D건강프로그램"이것은 자연이 주는 여섯의 전문가를 이용해서 내 몸속의 독성 찌꺼기들을 제거하고 정화하여 혈액을 맑게, 면역력을 강하게, 세포를 활성화하여 몸을 이롭게 하고 질병으로부터 해방될 수 있도록 체험하는 "SI벡터자연치유센터"-3D 건강프로그램'으로서 당신이 어떤 질병으로 고생하시든 그냥 이 특별한 메뉴 플랜을 따르시기만 하면 된다. 기억할 것은, 자연이 준 여섯의 전문가들은 두 가지 일을 한다는 것이다.

우선 완전한 몸속 청소와 독소 제거를 수행하고, 또한 몸 전체를 다시 재생시켜 다시 건강하게 만드는 것을 수행한다. 그러나 이것은 사실 의사나 약사라고 해서 할 수는 없다. 왜냐하면 자연이 인간에게 준 '신의 선물 면역력'을 이용하고, 수술이나 의약품 같은 것을 사용하지 않기 때문이다.

우리 몸이 스스로 제 기능을 하도록 도와주고, 신체적 에너지, 정신적 에너지를 향상시키고, 신체 내부 개선과 재생을 하는 데 있어서 제 기능을 할 수 있도록 해주는 것이'SI벡터자연치유 요법'이다. 이것은 두 가지에 초점을 맞추고 있다. 내장청소와 독소

제거, 내부 재생과 강화다. 우리는 이것이 누구나 건강해지고 싶다면 꼭 밟아야 할 단계라고 생각한다.

만일 우리 몸의 화학적 성질이 산성을 너무 많이 띠면 그것을 약 알칼리화 하기 위해 SI벡터자연치유요법을 작동해야 하고, 밸런스를 맞추기 위해 이 산성을 알칼리 레벨로 올려야만 한다.

이럴 때 몸이 하는 일이 무엇인가? 자연의 일부인 우리 몸은 참으로 놀랍다. 치료하는 능력과 그 치료를 위한 방법을 찾는 능력을 갖고 있다. 이러한 몸은 몸의 화학적 밸런스를 좀 더 알칼리성으로 띠게 하기 위해서 칼슘을 뼈로부터 걸러낸다. 인간의 체액이 pH7.4 이상으로 떨어지게 되면 인간의 목숨은 위태로워진다.

우리의 몸이 과잉 산성화되지 않기 위해 알칼리성을 띠려고 과잉 보상(뼈에서 칼슘을 뽑아내서)을 하는 것이다. 이것이 바로 독소로 인한 생활습관 병을 일으키게 되는 것이다. 그리고 그것은 독성을 띠고 질병이 되는 것이다. 우리는 우리 몸을 정화시켜야 한다. 우리의 소화기 체계, 장체계, 그리고 모든 세포와 조직, 혈액을 깨끗하게 만들어야 한다. 그렇게 되면 우리는 건강해질 수 있다. 오늘날 우리가 몸을 위해 할 수 있는 것은 무엇일까요? 그리고 우리가 우리 몸을 돌보지 못하면 어떻게 될까요? 그럼 어떻게 살까요? 당신이 정말로 건강해지길 바란다면 "3D건강프로그램"을 실천하고 생활화하는 것이'건강한 삶'이요, 암· 질병치료의 지름길이다.

12. 음양오행 체질음식

음식이 보약이 되게 하고 보약을 음식이 되게 하라. 는 의성 히포크라테스의 말이다. 이처럼 음식은 곧 음양오행의 조화를 이루는 영양물로 이루어져야 한다는 것이 나의 주장이다.

먹는 음식에도 음양오행이 있습니까? 있지요! 절대적입니다. 음양오행을 내 몸 체질에 맞게 조절하여 먹어야 한다.

그럼 음양이란 무엇을 말합니까? 어떻게 구별하지요? 간단히 설명을 드리자면 음양이라 함은 서로 상대적이고 상반되는 것을 말한다.

예를 들면 지구를 달과 비교하면 양이 되고 또 지구를 태양과 비교하면 음이 되는 것처럼 그것이 위치해있는 경우와 여건에 따라 음과 양은 변하고 순환하고 결합하는 것이다.

그러므로 음전극과 양전극은 같은 극끼리는 밀어내며 같지 않은 극끼리는 당기는 힘이 있다. 밀어내는 힘과 잡아당기는 힘이 있으므로 음과 양은 결합이 가능하고 결합한 후에는 그 범주 안에서 양이 실하면 음이 허하고 음이 실하면 양이 허하며 음과 양이 동시에 실하고 허할 수도 있는 것이다.

인체는 배꼽을 중심으로 상하를 음양, 좌우를 음양, 전면과 후면을 음양 등으로 구분할 수 있으며, 맥은 인영人迎 맥의 모양으로 양기의 대소를 측정하고 촌구(寸口)맥의 모양으로 음기의 대소를 측정하는 것이다.

이러한 음양은 그 기능이나 작용, 힘, 크기, 에너지 저장량, 등이 똑같이 균형이 이루어져야 순환운동이 계속되는 것인데 안타깝게도 우리는 세상에 태어나면서부터 음양의 균형에 차이가 있어 이를 찾아내는 방법을 '오행주류 명식'이라고 한다.

13. 오장육부론(五臟六腑論)

오장(五臟)은 음으로서 혈기를 갈무리하고 육부(六腑)는 양으로서 혈기인 곡기를 생산한다. 오곡을 생산하는 것은 땅이듯이 곡기를 생산하는 것은 중앙토인 비위(脾胃)다. 곡기를 생산하는 소화흡수 작업은 간목, 폐금, 신수, 심화(肝木, 肺金, 腎水, 心火)의 사장(四臟)으로 진행되고 이뤄진다. 비위(脾胃)는 곡기를 생산하는 공장에 지나지 않는다.

肝은 血을 저장하고 肺는 氣를 저장하며 腎은 水정을 갈무리하고 心은 火신을 간직하고 있다. 脾는 단지 곡기 생산에 상머슴 노릇을 하였을 뿐 아무것도 가질 것이 없다. 그래서 肝木은 東方을 차지하고 봄을 관장하며 肺金은 西方을 차지하고 가을을 주관하며 心火는 南方을 차지하고 여름을 다스리며 腎水는 北方을 차지하고 겨울을 주재하는데 반해서 脾土는 방위도 절기도 없다. 그것은 이름이 비토일 뿐 木火金水의 땅인 것이다.

血을 생산 공급하는 것은 腎水이듯이 肺氣를 생산 공급하는 것은 心火인 것이다. 血은 水의 딸이요 氣는 火의 아들인 것이다.

血은 육신을 먹이고 살찌우며 氣는 육신을 움직이고 보호한다. 血이 없으면 육신은 굶어 죽듯이 氣가 없으면 육신은 숨을 쉴 수 없이 질식하는 동시에 움직이는 동력이 없는지라 꼼짝할 수가 없어 죽는다.

인체는 혈기로써 생활하고 혈기는 수화에서 생산 공급되니 인체는 血氣水火가 기본이자 전부인 것이다. 이는 肝, 肺, 心, 腎의 四장에 의해서 생산되고 갈무리되며 공급됨으로써 四장은 인체의 主장이자 主체인 것이다. 그래서 봄 태생은 肝血이 왕성하고 여름 태생은 心火가 왕성하고 가을 태생은 肺氣가 왕성하며 겨울 태생은 腎水가 왕성하다. 水는 물이 아닌 精으로서 얼음처럼 차고 단단하다. 이를 精力이라고 한다. 火는 불이 아닌 氣로서 태양처럼 뜨겁고 밝으며 이를 精神이라고 한다. 水가 왕성하면 精力이 왕성하고, 火가 왕성하면 精氣가 왕성하다.

오장(五臟)이라 함은 간장肝臟, 심장心臟, 비장脾臟, 폐장肺臟, 신장腎臟,을 말하며 여기에 생명현상을 총괄하는 심포장心包臟을 포함하면 육장六臟이 된다.

육부六腑라함은 담낭膽囊, 소장小腸, 대장大腸, 위胃, 방광膀胱과 여기에 추가하여 생명현상을 창출하고 배출하는 모든 배설 관계를 관장하는 삼초三焦(상초, 중초, 하초)부까지 포함하여 말하는 것이다. 그러므로 엄밀히 말하면 오장육부가 아니고 육장육부인 것이다.

인체는 생, 노, 병, 사(生, 老, 病, 死)의 근본이 되는 육장육부 중 오장육부는 그 기능과 크기와 힘의 균형이 알맞게 이루어져 서로 도와주고(相生), 서로 견제하고(上剋), 서로 화합하여(相化) 완성체(소우주=인간)를 형성하는 것이다. 여기에 추가하여 심 포장과 삼 초부는 생명현상을 신진대사 하므로 육장육부가 톱니바퀴와 같이 맞물려 돌아가게 되는 것이다. 그것은 마치 달이 지구를 돌고 지구가 태양을 돌고 태양이 북극성을 도는 것처럼 시작도 끝도 없이 연속 운행되는 현상과 같이 소우주인 인간의 생명 현상도 오래오래 계속되는 것이다. 그러나 대부분의 사람들은 모태에서 태어날 때부터 오장육부 중 큰 것도(太過), 작은 것도(不及) 있어서 그 기능과 힘의 우열이 있게 태어남으로써 인간의 생명 톱니바퀴는 원활하고 순조롭게 돌아가지 않고 찌그러지고 삐뚤어진 채로 돌아가고 있는 것이다. 이렇게 오장육부 중 크고(태과), 작은(불급) 불균형상태는 천차만별일 것이다.

그러므로 인간이 태어난 생년, 월, 일, 시(오행 주류 명식)는 불변이며 그 사람의 고유한 오행주류 명식을 갖고 태어나므로 체질도 천차만별이다. 이 천차만별한 인체의 형태를 동양철학적 원리에 의해 분별하는 방법을 음양오행주류 명식(陰陽五行柱流命式)이라고 하며 이 방법에 의하여 오장육부의 대소를 구분해 내어 그 사람의 생명현상에 무엇이 어떻게 잘못 돌아가고 있는가 하는 것을 정확히 판단하는 것이다.

제2장 스트레스와 병에 대하여

1. 스트레스 안 받고 사는 사람도 있습니까?

"건강은 내 인생에 대한 예의다. 스트레스를 이기지 못하면 건강도 인생도 잃는다."

많은 사람들 속에서 경쟁하며 사는 우리들은 날마다 스트레스에 노출되어 있다. 그렇다면 스트레스란 무엇이며 스트레스를 떨쳐 버리고 유쾌하고 활기차게 생활을 영위할 수 있는 방법은 무엇일까? 스트레스에도 불쾌한 것과 유쾌한 것이 있다. 즉, 디 스트레스(Distress, 불쾌한 스트레스)와 유 스트레스(Eustress, 상쾌한 스트레스)다. 말할 것도 없이 디 스트레스는 인체에 해롭고 유 스트레스는 인체에 이로운 즐겁고 유익한 스트레스이다. 따라서 문제가 되는 것은 불쾌한 스트레스 디 스트레스다. 이것은 완전히 피할 수는 없지만 적절히 조절할 수는 있다. 부신은 신장 위에 붙어있는 조그만 내분비선으로 인체에 매우 중요한 역할을 한다. 특히 스트레스와 면역계통에 없어서는 안 될 기관이다. 스트레스 요인들은 정신적, 육체적, 화학적인 것 등 크게 3가지 그룹으로 나뉜다. 장기간 3가지 스트레스에 노출되면 부신의 기능이 떨어져 만병의 근원이 된다. 스트레스의 원인을 찾아서 해결하면 건강해질 수 있다.

2. 부신스트레스 증후군 (Adrenal stress syndrome)

부신스트레스 증후군(Adrenal stress syndrome)은 어떤 질병의 진행 과정이 아니고 부신의 특정 내분비선이 그 기능을 제대로 할 수 없는 상태를 말한다. 부신은 인체의 많은 기능에 관여하기 때문에 문제가 생기면 수많은 증상들이 나타나게 된다. 피로감, 어지럼증, 감정의 기복, 불안과 초조, 관절의 통증, 알레르기, 노화장애, 천식, 두근거림, 요통, 머리의 맑지 못함, 두통, 발기부전, 장염, 가스의 통증, 떨림 등 부신의 이상으로 나타날 수 있는 문제는 수없이 많다. 만성피로감, 무기력증은 심한 부신스트레스 증후군이다.

부신스트레스 장애에 대한 전반적인 적응 증후군은 3단계로 구성된다.

첫 단계가 경보반응(Alarm reaction)이다. 이는 스트레스를 극복하기 위해 부신이 작용하는 인체의 방어기전이다.

두 번째 단계인 저항기(Resistance stage)는 경보반응 단계가 오래 지
속될 때 나타난다. 부신은 실제로 장기간 스트
레스를 받으면 그에 맞추어 크기가 커진다.
세 번째 단계는 고갈기(Exhaustion)로서 부신의 모든 기능이 고갈
된 상태이다.
이것이 부신스트레스 장애의 세 단계이다.

3. 스트레스가 혈액에 끼치는 악영향

현대인은 많은 스트레스에 노출되어 있다. 복잡한 사회구조,
산업화에 의한 환경조건, 핵가족에 의한 가족 구성의 변화로 정
신적, 심리적 스트레스가 많다. 스트레스를 받으면 아드레날린이
라는 호르몬이 분비된다. 아드레날린은 혈중의 포도당, 콜레스테
롤, 지방산을 증가시킬 뿐만 아니라 혈관 내벽에 혈소판을 접착
시켜 동맥 경화를 일으키기 쉽게 만들기도 하고 혈전의 형성을
촉진시키기도 한다. 게다가 뇌 혈전, 심근경색 등의 순환기병은
물론 감기, 류마티즘, 암 등 많은 병이 발생한 경우에도 혈액은
마찬가지의 상태로 탁하게 된다는 것이다. 그런데 혈액 중에 콜
레스테롤이나 지방산이 증가하는 것은 원래는 인체에 있어서 유
익한 반응이었던 것이다. 스트레스란 알기 쉽게 말하면 원시인
이 정글에서 맹수를 만나는 것과 똑같은 상태로 보면 되는 것이
다. 그때 혈액 중에는 다량의 콜레스테롤과 지방산이 나오는데

이것은 원시인이 맹수로부터 급히 달아나는 데에 필요한 것이다. 쏜살같이 달아난다는 것은 격렬한 운동을 하는 것과 같은 에너지 소비를 하기위한 것이다. 이것은 격렬한 운동을 할 때 콜레스테롤과 지방산이 소요됨으로써 혈액의 독소 화를 제거하는 것과 같이 무의식의 건강법이 되어 있는 셈이다.

4. 스트레스가 병을 만든다.

면역학적 관점에서 보는 것으로 모든 병의 원인은 "스트레스"와 "자율신경", "백혈구", "생활습관"이라는 네 가지 단어로 간결하게 정리할 수 있다. 의학계에서는 이 견해를 좀처럼 받아들이지 않고 있지만 이해가 쉬워서인지 많은 일반인들은 이 견해에 동의하고 있다. 특히 실제로 병을 앓고 있는 환자들에게는 "스트레스가 병을 만든다."는 견해가 설득력 있게 받아들여지고 있다.

면역학적인 견지에서 많은 병중에서 암이라는 병을 설명하고자 한다. 암이라는 병은 스트레스가 원인이다. 사실 인간의 체내에서는 매일 수만 개의 암세포가 생성된다. 하지만 수면을 취하는 동안 림프구가 온몸을 구석구석 다니면서 암세포의 싹을 처리하기 때문에 이 세포들이 암으로 진행되지는 않는다. 이러한 림프구의 역할이 바로 면역력이며 이것을 가능하게 하는 것은 자율신경의 균형이다. 즉 교감신경과 부교감신경이 필요에 따라 상호 교대로 작용해야만 림프구가 여유를 가지고 암세포를 제거하며 암 발생이 억제될 수 있는 것이다.

림프구는 백혈구의 일종인 매크로파지(macrophage 대식세포-몸속에 침입한 세균 등의 이물질을 잡아먹는다.)에서 진화된 면역세포로서, 몇 개의 종류가 각각 독특한 역할을 담당하며 수중생활을 통해 발달한 낡은 림프구와 육지 생활을 시작하면서 진화된 새로운 림프구로 나누어진다. 이 중에서 암세포를 억제하는 역할을 담당하는 것은 NK세포로 대표되는 낡은 림프구다. 백혈구 중의 림프구 비율은 성인이 되면 차츰 감소하는데 세월의 변화에 따라 청소년기에는 새로운 림프구가, 성인이 된 이후에는 낡은 림프구가 활성화된다. 즉 몸이 노화되면 이와 더불어 암세포 등의 이상세포나 노폐물도 증가하게 되므로 이를 제거하는 능력이 뛰어난 낡은 림프구가 많아지는 것이다. 그러나 교감신경의 긴장이나 부교감신경의 과잉 우위 상태가 지속되어 자율신경의 정상적인 균형이 깨지면 이 정교한 생체방어 시스템에도 이상이 생겨 결과적으로는 암이 발생하게 된다.

이때 자율신경의 균형을 깨는 원인은 신체의 적응능력을 무시한 채 무리하게 진행되는 생활습관에 있다. 무리한 생활습관이라고 하면 과로와 같은 중노동을 생각하겠지만 사실 암은 이와 반대되는 경우에도 발생하게 된다. 실제로 암 환자의 70~80%는 무리한 생활습관으로 교감신경의 긴장상태가 지속되어 병이 발생한 경우이지만 나머지 20~30%는 지나치게 안정적인 부교감신경우위 상태가 지속되어 암이 발생한 경우다. 일단 교감신경이 긴장하면 백혈구 중에서 과립구가 증가하고 림프구는 감소한다. 이때 과다하게 생성된 과립구는 대량의 활성산소를 방출하기 때문에 조직파괴가 일어나게 된다. 즉 과립구가 암세포의 생성과 증식을 돕는 환경을 만드는 반면 암세포를 제거하는 림프구는 부족하기 때문에 노폐물을 배출시키는 혈류가 감소하여 암 발생을 억제할 수 없게 되는 것이다. 이에 반해 부교감신경우위 상태에서는 림프구가 증가한다. 하지만 부교감신경이 지나치게 강하면 혈류가 감소하고 체온이 내려가기 때문에 림프구가 풍부해도 제 기능을 발휘할 수 없어서 암세포가 증식하게 된다.

5. 자연의 힘-
면역체계와 치유체계를 스트레스가 무너트린다.

평생 질병 없이 살 수는 없을까? 있다면 아마도 믿기지 않을 것이다. 그러나 틀림없이 있다면 진솔된 마음으로 당신 스스로가 실천해야만 한다. 자연에는 3개의 힘을 가지고 있다,

그 하나는 삶의 모든 문제를 해결할 수 있는 힘이요, 또 하나는 그 힘을 없앨 수도 있고, 다시 복구할 수도 있다는 것이다. 삶의 모든 문제를 해결할 수 있는 그 힘이 무엇일까? 바로 인체 내에 내재된 면역체계와 치유체계다.

우리 모두는 체내에 그야말로 기적 같은 '치유체계'를 보유하고 있어서 어떠한 신체적, 정신적 문제도 치유가 가능하다. 이것

을 "면역체계"라고 부른다. 우리는 몸에 문제가 생기기 전에 스스로 치유하는 자가 치유 프로그램을 갖고 태어난다. 문제가 발생해도 괜찮다. 우리 면역체계는 놀라운 속도와 효율성으로 모든 문제를 해결할 수 있는 능력이 있기 때문이다.

그렇다면 이 체계를 무력화시키는 것은 모든 질병과 증상의 원인이 되지요. 사실 '스트레스'가 그렇다. 질병과 증상의 원인 중 95%가 "스트레스"가 원인이 된다. 나머지 5%는 유전성이거나 돌발성 사고다. 모든 질병과 증상을 근본적으로 치유하는 길은 "스트레스"를 치유하는 법을 발견해야 한다. 저명한 세포생물학자이자 스탠퍼드 의대 교수인 브루스 립튼 박사가 1998년에 발표한 연구결과와 하버드 의대에서 보고했듯이 질병은 단지 "스트레스"가 표현된 것이다. 미국연방정부의 질병관리센터의 웹사이트에도 모든 질병과 증상의 90%는 '스트레스'와 관련되어 있다고 명시되어 있다.

암을 비롯해 소위 '생활습관 병'이라 불리는 모든 질병과 증상들은 '스트레스'가 문제의 근원일 수 있다. '스트레스'의 근원이 치유되면 암과 모든 질병이 치유된다는 사실이다. 이러한 종류의 질병과 증상을 일으키는 '스트레스'는 우리의 내면에 깊숙이 자리 잡고 있으며 현재의 환경과는 전혀 관계가 없다. 사실 '스트레스'를 일으킨다고 생각되는 요소들을 제거해 현재의 환경을 바꾼다고 해도 면역체계를 약화시키는 '스트레스'에는 거의 영향을 주지 않는다는 사실이다.

어떤 사람에게 '스트레스'로 작용하는 것이 다른 사람에게도 '스트레스'로 작용하는 건 아니다. 개인의 내부 설정에 따라 '스트레스'를 받기도 하고 받지 않기도 한다. 그러면 어떤 '스트레스'가 나의 면역체계의 치유작용을 방해하며 이를 어떻게 해결해야 될까? 직장, 가족, 부모자식, 친구, 이웃, 건강에 대한 우려, 사업 무엇이든 '스트레스'가 될 수 있다. 하지만 우리가 흔히 '스트레스'라고 말하는 "상황에 따른 스트레스"와 질병과 증상을 유발하는 "생리적인 스트레스" 사이에는 중요한 차이가 있다. '생리적인 스트레스'는 간단히 말해 신경계의 균형이 깨지는 것이다.

중추신경계를 자동차에 비유해 설명해 보면, 가속페달을 계속 밟으면 결국에는 차가 고장 날 것이다. 마찬가지로 브레이크를 계속 밟아도 차가 고장 날 것이다. 자동차는 가속페달과 브레이크를 적절하고 균형 있게 밟아야 탈이 없도록 만들어졌지요. 중추신경계도 이와 다를 바 없다. 중추신경계는 가속페달과 브레이크처럼 두 부분으로 구성되었다. 가속페달은 교감신경(흥분작용)에, 브레이크는 부교감신경(흥분을 가라앉히는 작용)에 비교할 수 있다. 의학적으로 '생리적인 스트레스'를 측정하는 최첨단 검사를 "심박변이도 검사"라고 하는데. 이 검사를 통해 신경계의 균형과 불균형을 측정할 수 있다. 신경계의 많은 부분을 '자율신경계'라 부른다. "자율"은 무의식중에 "저절로" 작동된다는 의미이며. 자율신경계는 자동으로 작용한다. 사실상 체내에서 일어나는 모든 작용은 99.9%는 이 자율신경계의 통제를 받는다. 자율신경계에는 두 체계로 나뉜다. 거듭 말하지만 이 두 체계의 균형이 관건이다. '부교감신경계'는 성장, 치유, 관리를 담당하고. 대부분의 자동적인 체내 작용을 관장한다. '교감신경계'는 훨씬 드물게 사용되지만 사실 건강과 질병에 막대한 영향을 미친다. 교감신경계는 이른바 "투쟁 혹은 도피"를 유도하고. 교감신경계는 마치 화재경보기와 흡사하지요. 어느 순간 우리의 목숨을 구하도록 설계되었다. 이는 마치 고속도로에서 차를 모는 것과 같다. 운전할 때 대부분은 가속페달을 밟지만 목숨을 지켜주는 건 브레이크지요. 목숨을 구하도록 설계된 자율신경계지만 지속적으로 스트레스를 받으면 인체기관이 손상될 수 있다. 특히 면역체계가 직접적으로 영향을 받는다.

이것은 각 기관 수준에서 일어나는데, 세포수준에서는 무슨 일이 일어나는지 살펴보면, 스트레스 상황에서는 우리의 세포는 영양, 산소, 무기질, 필수지방산 등을 흡수하지 않으며 노폐물과 독소를 내보내지 않는다. 생존을 위한 활동 이외에는 모든 활동이 멈춘다.

이런 이유로 세포에 독소가 쌓여 성장과 치유가 일어나지 않게 되며, 성장과 치유가 이루어지는 세포는 질병에 걸리지 않는다는 사실이다!! 우리는 누구나 체내에 '스트레스를 담는 마음의 통'을 갖고 있다. 그 통이 다 차지 않는 한 우리는 스트레스를 감당할 수 있다. 통이 차기 전까지는 우리의 삶과 몸에 새로운 스트레스가 들어와도 효과적으로 대처할 수 있어서 몸에 나쁜 영향을 주지 않는다. 일단 마음의통이 넘쳐흐르면 가장 약한 신경선이 끊어지게 된다.

그럼 체내에 발생한 스트레스를 어떻게 측정할까? '심박 변이도 검사'를 통해 스트레스로 인한 생리적인 문제를 측정할 수가 있다. 이 검사는 자율신경계의 균형을 반영하므로 더할 나위 없는 가치를 지닌다. 그러면 몸은 스트레스를 어떻게 표현할까? 우리가 병 혹은 증상으로 부르는 것으로 표현한다. 원인은 하나인데 그토록 많은 증상과 질병이 존재하는 이유는 뭘까? 간단히 말하면 가장 약한 신경 연결고리가 끊어지기 때문이다. 이미 말했듯이 심박변이도 검사는 자율신경계의 생리적 스트레스를 의학적으로 측정하는 최고의 검사다 이 검사는 의학계에서 30년 이상 사용되어 왔으며 CT스캔과 MRI가 같은 범주에 속한다. 스트레스는 에너지문제로 발생한다고 볼 수 있다. 만물은 에너지요 모든 에너지는 다음과 같은 3가지 요소를 가지고 있다.

1.진동수 2.파장 3.색체스펙트럼(띠). 우리 사회의 커다란 고통거리인 암에 대한 질문의 초점은 "어떻게 하면 암세포를 죽일까?" 이지요. 현대의학이 "암의 원인은 무엇일까?"라는 질문에는 그 답을 하지 않고 암이 진행 중이라는 사실을 알려주며 그 부위를 수술하거나 방사선치료, 화학요법 중 선택하여 항암치료하기를 요구하며 대부분의 경우 현대의학의 암 치료는 거의 언제나 수술을 동반한다는 사실이다…. 하지만 병원에서 하라는 대로 다 했지만 재발하거나 더 악화되어 사망하는 걸 너무나 많이 봐왔

다. 현대의학에서 행하는 그다음 단계는 암세포를 죽이는 항암치료로써 방사선과 화학요법이 있지요. 두 치료법 모두 세포에 손상을 가 한다는 점에서 유사하다.

불행한 일이지만 암세포는 체내의 다른 건강한 세포와 매우 비슷하게 보일 뿐만 아니라 똑같이 활동하고 대사한다. 하지만 암세포는 적응이 빨라 암 치료와 방사선의 공격으로부터 스스로를 지키는 법을 재빨리 배운다. 사실 암세포는 정상세포보다 회복력이 훨씬 뛰어나다.

다음은 화학요법(항암제주사나 경구용)을 받으면 급속히 증식하는 암세포의 DNA가 손상되지만 이 요법이 좋은 것일까? 그렇다, 하지만 체내에는 빠른 속도로 증식하는 다른 세포들도 많다. 가장 안타까운 일은 보통 면역세포가 체내에서 가장 빠르게 증식한다는 사실이다. 의사가 다음 단계의 화학요법을 실시하기 전에 가장 먼저 살피는 게 무얼까? 백혈구다, 백혈구는 면역세포를 의미한다. 면역세포가 손상된다는 것이 얼마나 커다란 문제인지 설명을 좀 하겠다. 의사에게 화학요법으로 암세포를 모두 죽일 수 있는지 물어본다면 가장 정직한 대답은 단호히 "전혀 아닙니다!" 일 것이다. 화학요법으로 암세포가 다 죽을 수는 없기 때문이다. 화학요법을 통해 죽을 수 있는 암세포는 기껏해야 전체 암세포의 60~70% 크게는 80% 정도 된다고 본다. 따라서 항상 살아남은 암세포들이 있게 마련이지요.

그래서 우리는 이런 생각을 하게 된다. 화학요법이 암세포를 전부 다 죽일 수 없다면 목숨을 구하기 위해 나머지 암세포를 어떻게 죽여야 하나? 일 것이다. 면역체계가 활동해 20~30%의 나머지 암세포를 죽일 수 없다면 환자는 나머지 암세포로 인해 사망하게 된다. 여기에 아이러니가 있지요. 화학요법으로 암세포를 죽여서 목숨을 살릴 가능성은 없다. 하지만 면역체계가 극적으로 회복되지 않는 한 암이 이긴다는 사실이다. 면역체계가 극적으로 회복하려면 어떻게 해야 하는가? 결국 사람이 만든 암치료법은 없다가 답이 되겠다.... 어떠한 병이라도 마찬가지다. 나는 암을 치료하고자 하는 많은 환자들과 같이 10년 동안 생활을 해왔다. 하지만 파고들어 가보면 암을 치료하는 장본인은 언제나 나 자신의 면역체계며 진정한 치료자는 자연을 창조하신 하나님이요 내 자신인 것이며 내가 마음먹기 나름이다.

6. 세포기억에서 비롯된 스트레스

세포에너지는 낮은 세포에너지와 높은 세포에너지가 있는데 암의 원인은 '세포기억'에서 비롯된 "스트레스"다. 일반적으로 어떤 질병이든 그 원인을 치료하려면 '세포 에너지'를 치유해야 한다. 세포에너지가 원인이기 때문이지요. 스트레스는 불충분한 세포에너지가 원인이다.

모든 질병과 증상은 세포수준에서 에너지가 충분치 못해 발생한다. 세포에너지 불충분에서 오는 '만성피로증후군'은 의학계에서 비교적 새로운 질병으로 생각하는데 지난 수십 년 동안 현대 의학은 '만성피로증후군'으로 고통받으면서도 알지 못하는 이 무지의 환자들에게 하나님이 창조한 자연의 힘(면역력)을 일깨워주지 못하고 오히려 외면하고 쫓아내고 부정하고 오진해왔다는 사실이다.

'만성피로증후군'과 같이 '낮은 에너지' 상태가 지속되면 60조 개나 되는 내 몸의 세포 내에서 무슨 일이 일어나는지를 알면 쉽게 이해가 갈 것이다. '낮은 에너지'는 사실상 모든 질병의 기초가 된다.

이미 설명했듯이 교감신경(투쟁 혹은 도피) 흥분, 즉 스트레스 상태가 세포에게 어떤 영향을 주는지 좀 더 자세히 기억해보면 세포가 체내의 에너지를 보전하기위해 스스로 차단하면서 산소가 세포로 유입되지 않고 영양이 세포로 가지 않으며 연료로 사용되는 포도당이 세포로 공급되지 않는다.

세포의 에너지공장이 기아에 허덕이게 되는데 이 작은 에너지공장을 "미토콘드리아"라고 한다. 미토콘드리아가 활동해야 세포가 활동하는데 세포가 활동해야 몸이 활동하게 된다. 이 작은 에너지공장인 '미토콘드리아'는 꼭 박테리아처럼 생겼다. 작은 미토콘드리아가 박테리아처럼 생겼다는 걸 상기해보면 화학요법제, 방사선은 만성피로증후군의 원인일 뿐 아니라 다른 많은 질병과 신종 질병이 증가하는 원인이기도 하다.

모든 질병치료의 열쇠인 '세포기억'이란 과연 무엇일까? 세포에 저장된 기억이다. 어떤 세포를 말하는 걸까? 바로 내 몸속의 모든 세포를 말한다. '세포기억'은 파괴적인 에너지진동수와 공명해 몸에 스트레스를 생성한다. 유기체의 세포기억이 망가지면 유기체인 내 몸 건강도 망가진다. 파괴적인 세포기억을 가진 사람은 좋은 환경에서조차 살 수가 없다. 반면 건강한 세포기억을 가진 사람은 좋지 못한 환경에서도 아주 잘 살 수 있다.

7. 체내의 독을 없애야 몸과 마음이 편해진다.

우리 몸에서 가장 큰 기관인 간의 기능은 알려진 것만 해도 500가지가 넘는다고 한다. 그렇다고 이것이 간 기능의 전부는 아니다. 간이 기능하지 않는다면 사람은 곧 죽는다. 그러나 다행스럽게도 하나님은 간을 생명을 유지하는데 필요한 것보다 훨씬 크게 만들어 놓았다.

많은 학자들이 간은 생명유지에 꼭 필요한 크기보다 약 6배 정도 크다는 데 동의하고 있다. 다시 말하면 사람은 정상적인 간의 1/6만 있어도 살아갈 수 있다는 것이다. 여기에다 간은 탁월한 재생능력까지 갖추고 있다.

인체의 해독에 가장 중요한 기관은 간이다. 평소에 피로를 느껴서 병원에 간 많은 사람들은 "간 기능은 정상"이라는 검사결과를 듣는다. 문제는 간의 기능이 약 30%만 있어도 검사에서 이상 소견을 보이지 않는다는 것이다.

혈액검사에서는 정상인데 실제로 내 몸이 말하는 인체의 언어와 '오-링 테스트'를 해보면 간 기능이 떨어진 경우가 많다.

독소는 크게 몸 자체에서 생긴 것과 외부에서 몸속으로 들어오는 것으로 나눌 수 있다. 너무 과도하게 인체에서 독소가 만들어지거나 외부에서 많이 들어와서 적절히 제거하지 못하면 인체의 기능이 떨어진다.

몸 자체에서 왜 독소가 생길까? 독소는 정상적인 인체의 대사 과정에서 에너지를 만들거나 소화를 시키거나 하는데 여기서도 독소가 만들어진다. 에너지대사 과정에서 나오는 활성산소도 일종의 독소다. 내분비선에서 생성된 호르몬도 몸 안에서 기능을 다 하고 나면 독소로 변한다. 체내의 균, 기생충도 독소를 만든다. 스트레스를 받아도 독소가 많이 만들어진다. 외부에서 들어오는 독소는 보통 공기나 음식을 통해 인체 내로 들어오게 된다. 우리는 항상 독소에 노출되어 있는 것이다. 매연과 같은 환경오염물질, 많은 약, 음식 첨가물, 보존제, 알레르기를 일으키는 항원 등이 인체 내로 들어와서 독소가 된다. 정신적인 해독에 도움을 주는 기도를 해도 좋다.

해독에는 또 물이 중요하다. 대부분의 독소는 간에서 해독과정을 거쳐서 물에 녹은 뒤 혈액을 타고 신장, 담, 쓸개로 분비되어 몸 밖으로 나가기 때문이다. 그러므로 물은 하루 2리터 이상 마시는 것이 좋다. 비만은 독소와 관련이 깊다. 독소는 몸속의 지방층에 자리 잡는다. 체중을 줄이기 시작할 때 지방층이 줄어들면 지방 속에 들어있던 독소가 혈중으로 나와 독소에 의한 전신 증상이 생길 수 있다. 그러므로 체중을 줄일 때는 물을 충분히 마시고 섬유질이 많은 음식을 먹여야 하고 비타민C, E, 베타 카로테인, 셀레늄, 아연 등과 같은 항산화제를 섭취하는 것이 중요하다.

8. 잠을 충분히 잔다.

우리 몸은 잠을 통해서 휴식을 취하고 재충전을 한다. 잠을 조절하는 중추로서 인체의 시계(Biological clock) 작용을 하는 솔방울 샘(松科線 송과선)은 뇌의 중심부에 있다. 솔방울 샘에 이상이 있어서 잠을 못 자게 되는데 검사해 보면 인체의 여러 곳에 기능적인 이상이 있음을 알 수 있다. 내분비선의 이상, 소화기의 이상, 기억력의 감퇴, 통증의 증가, 면역의 악화 등 많은 기능 이상과 그에 따른 증상을 보인다. 따라서 규칙적인 잠을 자야 인체의 자연치유력을 유지할 수 있다.

다른 부위는 쉬어도 뇌는 잠들지 않는다. 체내의 시계(Biological clock)는 솔방울 샘(송과선)이며 여기서 멜라토닌이라는 수면과 관련된 호르몬이 분비된다. 솔방울 샘의 기능이 떨어지면 수면장애가 생긴다. 잠은 Non-REM 수면과 REM 수면으로 구분되며 7~8시간 잠자는 동안 5번 정도의 주기를 반복한다. Non-REM 수면은 몸의 수면과 관련이 있고 REM 수면은 뇌의 휴식과 관련이 있다. 꿈은 주로 REM 수면 주기에서 꾼다. 정신적이나 육체적으로 모두 건강하면 좋은 꿈을 꾼다. 악몽을 자주 꾸면 건강에 문제가 있을 수 있다.

9. 물을 충분히 마신다.

물은 우수한 기억력을 갖는 생리물질이라 할 수 있다. 지구 구성 성분의 70%는 물이며, 우리 인류의 신체를 구성하는 성분의 약 70%도 물이다.

이 물이 물질에 닿으면 그 물질이 갖는 고유의 자기정보를 기억해 두는 비상한 특징이 있다. 이 성질을 이용하여 수분을 포함한 생체성분 즉, 모발, 오줌, 혈액, 타액 등을 시료로 해서 생체 내에서 일어나고 있는 다양한 현상을 진단 할 수가 있다.

물을 함유하지 않은 순수한 원소도 자기정보는 발산하고 있다. 그러나 지구에서 생활하는 대부분의 생명체들은 물 없이는 생명 현상을 유지할 수가 없다.

그리고 물만이 정묘한 "자기기억소자(磁氣記憶素子)"로서 작용하는 것이다. 일반적으로 물은 미네랄 및 미량금속(특히 천이금속, 희토류) 및 약 2.0ml/L의 산소를 포함하고 있다. 미네랄과 미량금속류는 강자성체이며 일단 자화(磁化)되면 자기(磁氣)를 간직하는 능력이 있다.

산소는 약자성체로 자기원이 있는 동안에는 자성을 획득하지만 자기원이 멀어지면 자성을 상실하는 성질이 있다. 그러나 미네랄과 미량금속 및 산소가 공존하는 물은 이상적인 자기기억소자능력을 발휘한다.

또한 이 물에는 "자기히스테리시스"라고 하는 현상이 있어서 일단자기를 받은 물은 자기를 지워도 다음에 이물질의 자기원에 닿으면 자기기억을 일으키기 쉽다고 하는 성질을 갖고 있다. 물은 생체 내에서 생긴 일을 기억할 뿐 아니라 생활환경 속에서 생긴 일, 지구 규모에서의 자기현상 등 다양한 정보를 기억해 두는 능력을 갖고 있다.

우리들 인류뿐만 아니라 모든 생물에 있어서 생명의 존속이 위협받을 정도로 환경오염이 진행되어 버렸다. 이 환경오염이라는 것은 말할 것도 없이 "물의 오염"이다. 공기의 오염도 수증기(물)의 오염이다. 물에 초점을 두고 생명현상을 생각할 때 종래의 학문은 물 그 자체에 관점을 두지 않고 물에 녹아 있는 용질(溶質)에만 주목해 왔던 것이다.

그러나 용매로서의 물에는 절묘한 기억력을 구비하고 있는 것도 이해되었다. 생체의 건강을 생각할 때 제일 주요한 과제는 깨끗한 물 즉 생수를 먹는 것이지만 이미 환경오염으로 인해 모든 물(생수)에는 유해 자기가 기억되어 있으며 물에 기억된 자기 정보는 증식한다는 특성도 있어 유해자기 소거를 한 자화 수(磁化水)를 생체에 넣어줌으로써 인체의 독작용을 하는 유해자기를 제거하여 건강한 생명활동을 할 수 있게 된다.

제3장 운동은 필수

1. 혈액을 깨끗하게 하는 운동

유산소운동을 하면 눈에 띄게 건강해진다. 아무리 건강한 사람이라도 20일간 가만히 있으면 병자가 된다. 생명활동이라는 것은 적절한 운동으로 전신의 신진대사를 높이면서 동적으로 밸런스를 유지해 가는 것이다. 자극이 주어지지 않으면 몸의 여러 기관은 점점 퇴화해 가기만 한다. 모든 병의 근본원인은 혈액의 독소화이며 그 최대 원인은 식사의 잘못 즉 과식, 포식, 육식과다, 편식 등 「악식(惡食)」이다.

여기에 운동부족이 그 원인을 더하고 있다. 자동차, 엘리베이터, 에스컬레이터, 자동문, 전기청소기, 세탁기, 농부의 농사일조차도 자동경운기, 이 양기, 콤바인 등 편리함과 맞바꾸어 생활 속에서 운동이 갈수록 빼앗겨 가고 있다.

생명활동이라는 것은 적당한 정도의 운동으로 전신의 신진대사를 높이면서 동적으로 밸런스를 유지해 가는 것이다. 자극이 주어지지 않으면 몸의 여러 기관은 점점 퇴화해 가기만 한다. 환자가 걷기 운동이라도 할 수 있다면 병의 80%는 나은 것이나 마찬가지다. 감기, 어깨 결림, 요통, 신경통, 위궤양, 고혈압, 당뇨병, 신부전, 폐결핵 등 모든 병에 운동은 뛰어난 효과가 있다.

필자는 모든 병은 전신의 잘못, 다시 말해서 「악식(惡食)」이 최대의 원인이라고 하여 「소식(小食)」을 역설해 왔는데 건강한 사람이라도 심한 운동부족이 계속되면 병자와 똑같은 체력이 되고 만다는 것은 아무리 식사를 바로잡고 「소식」이라는 건강의 조건을 실행하더라도 체력은 다시 병자와 같은 수준으로 되돌아가 버려 병의 회복은 어렵게 되고 만다. 쓰지 않으면 인체는 계속 위축되어 버린다.

소식을 한다고 해도 꼼짝 않고 가만히 있으면 맥박은 약해지고 심장도 혈액을 활발히 보내지 않으므로 쇠약하고 혈관도 자극을 받지 않으므로 탄력이 약화되며 폐의 기능도 약화된다. 이래가지고는 병자와 똑같은 수준의 허약한 몸이 되고 만다.

운동이 건강에 있어서 불가결한 것은 무엇보다도 혈액의 정화(淨化)를 위해서라고 할 수 있다. 에너지원으로서 섭취된 영양은 그날 중에 제로가 되기까지 소비하는 것이 이상적이다. 제로가 되기까지 다 써버리지 않으면 과잉 영양으로서 차츰 혈액을 걸쭉하게 독소화 시키게 되고 만다.

식사를 올바르게 하고 「소식」으로 하는 것이 모든 병을 치유하는 기본임에는 틀림이 없다. 그러나 올바른 식사를 하더라도 운동을 하지 않으면 설사 소식을 할지라도 확실하게 잉여 에너지가 생기게 된다. 이 잉여 영양은 혈액을 탁하게 만드는 불필요한 것이 아니고 운동에너지원으로서 소비하기 위한 것이다. 이것을 운동으로서 다 써버려 전신의 기능을 활발하게 함과 동시에 혈액의 독소 화를 없앤다.

이와 같이 영양과 운동과 전신의 신진대사와 독소가 없는 혈액에 의하여 동적 밸런스를 취함으로서 비로서 인체는 생명력이 넘치게 되는 것이다.

건강을 위한 운동의 최대의 목적은 전신의 지구력을 높이는 데 있다. 또한 운동은 체력을 강화한다고 흔히 말한다. 그런데 체력에는 「행동체력」과 「방위체력」이라는 두 가지의 것이 있다. 「행동체력」이란 자기의 에너지를 밖으로 향하게 해서 작업을 한다든지, 일을 한다든지 하는 행동할 때의 체력을 말하며 즉 일과 노동이다. 「방위체력」이란 밖으로부터의 병 등의 갖가지 자극에 견디는 저항력을 가리킨다. 즉 운동은 어느 쪽도 필요한 것이고 두 가지는 서로 보완관계에 있지만 「방위체력」은 자신의 건강을 지키기 위한 체력이라는 뜻이 있어 보다 중요하다. 즉 방위체력은 자연치유력(자동약리작용) 또는 생체 항상성을 의미한다.

지구력의 저하는 방위체력의 약화가 나타난다. 그러므로 건강을 위한 운동의 최대의 목적은 전신의 지구력을 높이는 데 있다. 지구력을 강화함으로서 방위체력을 강화하여 건강을 지키고 성인병을 예방하는 것이다.

체력 = 지구력을 붙이기 위해서는 산소를 전신에 공급할 수 있는 능력을 높이는 운동(유산소운동)이 제일 좋다. 그런 운동으로서 조깅, 걷기, 특히 니시 건강법에 모관운동, 붕어운동을 들 수 있다.

유산소 운동을 하면 다음과 같은 효과가 있다.

1. 적혈구를 증가한다.
2. 고혈압에 좋은 영양을 준다.
3. 모세혈관을 새로 만들어 낸다.
4. 콜레스테롤을 줄인다.
5. 자연적인 신경안정제가 된다.

적혈구는 산소를 폐에서 조직세포로 보내고 조직세포에서 필요 없어진 이산화탄소를 노폐물로서 폐로 가지고 돌아와 호기(呼氣)로서 배출하는 작용이 있다.

호흡에 의하여 아무리 많이 산소를 흡입하더라도 적혈구의 수가 적으면 조직세포까지 산소를 운반할 수가 없으므로 아무 소용이 없다. 유산소운동을 하면 혈액이 증가하고 적혈구가 증가하여 산소운반능력이 좋아진다. 혈액의 흐름이 좋아지고 양이 늘면 혈관은 굵어지고 무수한 모세혈관이 새로 생긴다. 혈관의 상태가 좋아지면 혈압에도 좋은 영향을 준다.

스트레스에 의한 혈압상승으로 뇌졸중을 일으키기 쉬운데 유산소운동을 한 사람은 아무렇지도 않다. 혈액의 양이 증가함에 따라 조직 내의 혈관 특히 모세혈관이 생기는데 이것은 하나씩 차츰차츰 생기는 것이 아니고 어느 때 한꺼번에 많이 생긴다.

운동을 시작하면 처음 몇 달 동안은 몹시 힘이 들지도 모르지만 어느 시기에 갑자기 편해지는 수가 있다. 운동선수는 이것을 진보의 고개라 부르고 있다.

혈관이 늘어남으로써 생체의 조직을 구석구석까지 산소로 채워지고 동시에 노폐물이 효율적으로 배출되기 때문에 지구력이 증가한다. 혈관이 굵어지기도 하기 때문에 심장의 부담이 줄고 심장병도 줄며 또 발작이 일어나더라도 회복이 빠르다.

단백질이나 당분과 함께 지방은 영양소의 하나인데 지방의 일종인 콜레스테롤은 혈관의 내벽에 침착하여 그것이 다량이 되면 동맥경화를 일으킨다. 운동을 계속하면 혈중 콜레스테롤은 저하한다. 유산소운동을 계속하고 있으면 몸의 긴장이 풀린다.

근육 중의 많은 혈관이 새로 생겨 세포의 기능이 올라가 잘 피로하지 않게 된다. 정신적 쇼크에도 강해진다. 유산소운동의 효과는 산소를 많이 섭취함으로 일어나지만 그것은 동시에 몸의 신진대사 기능을 높임으로서 일어나는 것이기도 하다.

우리 몸의 세포활동에 에너지원이 되고 있는 것은 산소와 영양소에 의하여 만들어진 에너지(ATP: Adenosine Triphosphate)이다.

그런데 생체가 살아있는 상태라는 것은 만들어진 에너지원을 필요로 해서 몸 전체의 기능을 활발히 작용시키고 있는 상태이다. 다시 말해서 건강이란 결코 정적(靜的)인 것이 아니고 동적(動的)인 것이다.

2. 모세혈관 운동과 붕어운동이 혈액순환에 좋은 이유

인체의 혈액은 심장의 좌심실에서 대동맥으로 흘러서 소동맥을 지나 모세혈관에 이르고 그리고 소정맥으로 흘러들어 심장의 우심방으로 들어간다. 이 동맥을 흐르는 것이 동맥혈이며 정맥을 흐르는 것은 정맥혈이다. 정맥혈은 우심실에서 폐로 흘러서 거기서 동맥혈이 되고 좌심방에 들어가 좌심실에서 대동맥으로 순환이 되고 있다. 생체에는 51억 가닥의 모세혈관이 있고 전신에 60조나 되는 세포에 영양을 보내고 있다.

그런데 세포는 무엇인가 장해상태에 있을 때나 또 혈액이 깨끗지 못할 경우에도 혈액을 거부하게 되어있다. 모세혈관에는 구멍이 있어서 그 구멍을 통해서 세포가 영양과 산소를 빨아들이고 그 대신 노폐물과 탄산가스를 모세혈관으로 보낸다. 모세혈관의 소정맥에 노폐물이 들어오면 소정맥은 수축하여 정맥혈의 수송이 시작된다.

그리고 모세혈관과 소정맥의 접합부 모세혈관 쪽에 순간적이지만 진공이 생긴다. 여기서 모세관작용이 일어나게 된다. 물리적으로 모세관작용의 조건을 생각하면 고체, 액체, 기체 세 가지가 필요하지만 모세혈관 중에 생긴 진공은 기체이다.

진공이 기체라는 것은 혈액이 진공을 거치게 되면 100 용적의 혈액에서 60 용적의 가스가 방출되기 때문이다.

그런데 생체 51억 가닥의 모세혈관 중 7할에 해당하는 35억 가닥이 팔과 다리에 분포되어있다. 팔다리를 위로 올려서 미 진동(모관운동)을 하면 모세혈관의 주위에 분포되어 있는 루제씨 세포를 자극하게 되어 모세혈관이 수축하고, 모세혈관 내의 혈액은 소정맥으로 흘러든다.

정맥관에는 정맥판이 있어서 한 번 흘러든 혈액은 역류가 안되게 되어 있으며 정맥관은 그 본질상 수축되는 작용을 하므로 혈액의 정맥수송이 이루어지고 대정맥을 지나 우심방으로 가게 된다. 이상이 모세혈관의 혈액이 소정맥으로 보내지고 대정맥에서 우심방에 이르는 구조이다.

그렇다면 정맥에 혈액을 보낼 때 모세혈관이 수축되는 셈인데 이때 소동맥관 안의 혈액은 어떻게 되는가. 수축된 모세혈관에 가로막혀 갈 곳이 없어서 어떻게 되는가. 그래서 심장에 쇼크를 일으키게 하는 것은 아닌가 하는 의문이 생길 것이다.

그러나 자연의 섭리는 참으로 교묘하게 설계되어있다. 실은 모세혈관의 바로 앞에 소동맥에서 소정맥으로 향해서 하나의 작은 통로가 열려있다. 말하자면 동·정맥문합, 즉 그로 뮤이다.

모세혈관이 수축하면 소동맥의 혈액은 그로 뮤를 통해서 직접 소정맥으로 흘러드는 것이다. 그로 뮤는 모세혈관 한 가닥에 반드시 한 가닥씩 붙어있다.

니시 의학 건강법에는 혈액순환 구조에 모세혈관과 그로 뮤가 함께 활약하고 있으며 즉 모세혈관망의 모관현상이야말로 혈액순환의 원동력이라고 생각하고 있다.

※ 그로 뮤 (동·정맥문합)

그로-뮤는 생후 2~3개월에는 없다가 그 이후에 생기기 시작하여 약 21세에 완성되고 그때부터 40세까지는 완성된 상태를 유지하며 그 뒤에는 노쇠 때문인지 나이가 들어감에 따라서 감소된다.

그로-뮤는 알코올과 설탕 때문에 장애를 받는다. 그로-뮤를 재생 강화하는 데는 생수와 생체식이 반드시 필요하며 정혈제를 복용함으로써 혈액이 깨끗해지고 그로-뮤가 강화된다. 인체 내에 독이 쌓이면 혈액이 탁해져서 그로-뮤가 염증을 일으켜서 붓게 된다.

3. 니-시 건강운동법

※ 모세혈관운동

모세혈관운동은 혈액순환의 원동력이 모세혈관에 있다고 보고 51억 개의 모세혈관 중 35억 개가 집중되어 있는 팔과 다리를 떨어 줌으로서 혈액순환을 촉진시켜 주는 운동이다.

똑바로 누워 팔과 다리를 몸과 90°의 각도를 이루게 들어 올린 뒤 무릎 쪽으로 당겨 발목과 직각이 되게 한다. 그런 상태에서 손과 발을 떨어준다. 아침, 저녁으로 1~2분간 실시한다.

모관운동을 하면 혈액순환이 촉진될 뿐만 아니라 림프액의 이동과 교체가 활발해진다. 또한 그로 뮤의 활동과 재생을 도와 인체를 젊게 만든다.

※ 붕어 운동

붕어운동은 척추를 바르게 해주고 장의 운동을 촉진해 변비를 예방하고 숙변배설을 돕는다.

똑바로 누워 몸이 일직선이 되도록 펴고 발끝을 무릎 쪽으로 당겨 발목과 직각이 되게 한다. 두 손을 목 뒤로 깍지를 끼고 경추 4번과 5번을 손가락으로 눌러준다.

이 상태로 팔을 지면과 수평으로 펴고 붕어가 헤엄치듯 몸을 좌우로 흔들어 준다. 아침, 저녁 1~2분간 실시한다.

※ 털기(진동공법·震動功法)

털기는 우리 몸속에 있는 독소(병기, 사기, 탁기)를 배출시키는 공법이다. 건강을 관리하기 위해서나 몸을 맑게 하기 위해서 털기를 수련하면 몸속에 있는 독소(병기, 탁기)가 배출된다.

우리 인체는 생체자기(生體磁氣)가 있어서 자학법칙(磁學法則)의 지배를 받는다. 병이 있는 사람이나, 독소(사기, 탁기)가 많은 사람은 생체자기(生體磁氣)가 흐트러져서 경락(經絡)이 막힌 경우이다. 건강한 사람은 생체자기(生體磁氣)의 배열이 질서 있고 경락의 막힘도 없다. 사람이 털기를 수련하면서 의식적으로 몸을 아주 강한 지구의 지자석(地磁石)에 의하여 자화(磁化)된다. 그렇게 되면 우리 인체의 생체자기(生體磁氣)의 배열이 질서 있고 경락의 막힘도 없다. 사람이 털기(진동공)를 수련하면서 의식적으로 몸을 아래위로 흔들어주면 체내의 무질서한 생체자기(生體磁氣)가 아주 강한 지구의 지자석(地磁石)에 의하여 자화(磁化)된다. 그렇게 되면 우리 인체의 생체자기(生體磁氣)의 배열이 질서 있게 유지되고 막힌 경락이 소통되는 것이다. 이때의 의념(생각)은 전신의 독소(병기, 사기, 탁기)가 경락을 따라 흘러서 지하 1000m로 들어간다고 생각을 한다. 이렇게 하면 몸속에 있는 독기(병기, 사기, 탁기)가 모두 빠져나가게 된다.

* 수련방법

두 다리를 어깨 넓이와 같게 땅을 밟고 두 손은 자연스럽게 아래로 드리운다. 그런 다음 무릎을 약간 굽히고 몸을 자연스럽게 세운 뒤 눈은 앞을 조용히 바라보고 얼굴에는 미소를 띠고 전신을 규칙적으로 상하로 흔들어준다. 5~10분 정도 아래위로 몸을 흔든 다음 다시 자연스럽게 서서 독소(병기, 사기, 탁기)가 이미 열린 경락을 통하여 다 빠져나가 지하 1000m로 들어간다고 의념(생각) 한다. 그리고 눈을 감고 2~3분간 하단전에 의념(생각)을 두는 것으로 잠깐 정공하여 진기가 체내에서 운행하는 것을 들여

다본다. 끝으로 심호흡을 세 번 하여 기가 하단전에 가라앉게 하여 수공한 다음 끝내면 된다. 이 털기(진동공법)는 어느 곳에서나 할 수 있으나 특히 야외에 나가 소나무 숲에서 수련하면 더욱 효과가 크다.

제4장 숨·밥·잠·똥 단식에 대하여

1. 자연의 섭리 숨 · 밥 · 잠 · 똥

인간이 살아가는데 기본적인 9가지 요소가 있다. 즉 호흡(숨), 음식(밥), 수면(잠), 배설(똥), 섹스(쾌락, 번식), 생각(감정), 노동(신체활동), 운동(취미). 그리고 외적인 요소로는 환경이라는 것이 있다.

인간의 생명활동에서 이러한 요소들이 완전히 자연의 섭리와 합일된 생활을 한다면 독이 발생하지 않으나 오늘의 현대 문명 사회에서는 물이 나쁘고 음식이 화려하고 맛은 좋으나 모두가 죽은 음식이요, 공기가 나쁘고(대기오염), 햇볕이 나쁘고(오존층파괴), 정신적인 스트레스가 쌓이고 이 모든 것이 독이 되므로 우리 인간은 독소 속에 살아가는 것과 같다고 할 것이다.

독소(어혈)가 전혀 없다면 완전한 건강인이라고 말할 수 있으나 정도의 차이는 있지만 사람은 누구나의 응집독소(어혈)를 갖고 있다. 때문에 반 건강인이니, 1/3 건강인이라고 말하는 것이다. 사기(어혈)가 우리 몸에 응집되어 있어도 본인은 평생을 두고 전혀 의식하지 못하고 사는 것이다. 그래서 불혹의 나이 40세라느니 하며 경종을 주고 때론 졸사 현상이 나타나는 것이다.

자연의학에서는 병 자체를 바라보는 것이 아니다. 즉 위장이 헐었다든지 복수가 찬다든지 하는 드러나는 국소적 증상에 얽매이지 않고 몸에 독소(어혈)를 제거시켜 줌으로서 생기가 부활되고 자연치유능력(면역력)이 극대화되어 국부적인 질병의 증상들도 자연스럽게 소멸된다. 즉 독소의 제 독화(정혈요법)가 인체의 건강을 지키고 유지하는 데에는 그 무엇보다도 제일 우선이라는 것을 알아야 한다.

독(어혈)이라는 것은 나이가 들음에 따라 필연적으로 인체에 자주 쌓이는 것인데 내 몸의 대청소를 함으로써 한층 더 생명력이 충만 된 건강한 삶을 누릴 수 있으며 癌등 성인병(순환기병)에 대한 공포와 불안으로부터 벗어날 수 있다고 생각한다.

2. 단식의 필요성

단식은 신체조직을 생물학적으로 정화시키는 제독요법이다. 그 이유를 말하자면 인체는 약 60조에 달하는 생명의 기본단위인 세포로 구성되어 있다. 머리카락도, 이빨도, 피부도 모두가 세포라는 생명단위로 되어있다. 이들 세포는 하나하나가 모두 숨도 쉬고 밥도 먹으면서 배설도 하는 말하자면 세포호흡과 영양대사를 하는 살아있는 하나의 완전한 생명체이기도 한다.

그러므로 세포의 건강이 곧 신체의 건강을 좌우하게 된다. 세포 하나하나가 건강하면 몸 전체도 건강하고 세포가 젊고 싱싱하면 몸도 젊고 싱싱하게 될 것은 당연한 이치이다. 병이 들었다거나 늙었다는 것은 결국 세포 내의 영양대사 활동이 제대로 안 된다는 것으로 이것은 곧 조직세포에 노폐물이 축적되고 세포의 영양흡수와 산소결합능력이 나빠지며 효소의 활성이 떨어져 전반적으로 영양대사의 수준이 낮아진다는 것과 밀접한 관계가 있다.

말하자면 세포의 신진대사가 정체되고 그 조직의 노화가 시작되며 병에 대한 저항력(자연치유력)이 떨어져 여러 가지 병이 생긴다는 것이다. 신체를 구성하는 각종 세포들에는 활력이 왕성한 상태에 있는 젊은 세포와 갓 태어나 활발히 성장하고 있는 세포, 그리고 쇠약해져서 노화의 길을 걸으며 새로운 세포와 교체될 날을 기다리고 있는 세포 그리고 병든 세포 등이 있을 수 있다.

여기서 중요한 것은 낡고 시들어져 소멸될 운명에 있는 세포들이 될 수 있는 한 신속하고 효율성 있게 분해되어 조직으로부터 빨리 소멸되고 새로운 싱싱한 세포로 대체되는 것이다. 그것은 곧 세포의 자기 갱신을 의미한다.

자연의학 중 단식은 이러한 세포의 신, 구 교체를 촉진시키고 낡은 세포나 병든 세포의 "자기융해"를 자극하며 세포의 영양흡수 및 산소결합능력, 노폐물의 배출 등 대사활동을 극대화 시킨다.

3.인체가 갖고 있는 "자기융해"

아무런 영양공급이 되지 않는 단식기간 중에는 신체가 어떻게 살아가는가를 알아보자

자동차의 경우 가솔린을 계속하여 공급시켜주지 않으면 가동이 불가능하지만 사람의 경우는 이와 다르다. 왜냐하면 사람은 체내에 이미 수십일 에서 백여 일 이상을 지탱할 수 있는 영양분을 저장하고 있기 때문이다.

단식을 하는 동안에는 이 체내에 축적되어 있는 영양물질로 살아간다. 필요한 영양이 공급되지 않으면 신체는 자신의 조직기관이나 조직세포의 일부를 "자기융해"시켜 거기에서 얻어지는 영양물질로 생명을 유지하고 또 새로운 세포를 만들어 가는 것이다.

그러나 이러한 "자기융해"의 과정에서 신체의 중요한 기관인 선 조직, 신경조직, 뇌조직 등은 단식을 한다고 해서 손상되거나 소화되지는 않는다.

세계적으로 유명한 단식요법의 권위자인 오토 부킹 거 박사에 의하면 이렇게 단식에 의한 "자기융해"가 진행되는 동안에 신체 내의 쓰레기 청소, 찌꺼기 처리가 완성된다는 것이다. 즉 자연의학과 맥락을 같이 하고 있다.

단식 기간 중에는 폐, 간, 콩팥, 피부 등 배설기관의 배설능력이나 정화능력이 오히려 증대되고 축적된 노폐물과 독성물질은

신속하게 제거된다.

예를 들면 단식기간 중에 소변의 독소는 보통 때 보다 10배나 더 높은 농도가 된다는 것이다. 단식요법은 신체 내의 전 조직과 체액을 생물학적으로 정화하는 청소요법이라 할 수 있다.

4. 자기융해란?

사람은 생각하지도 않고 움직이지도 않는 완전한 수면상태에 있을지라도 일정한 영양소를 소비하지 않으면 안 된다. 즉 기초 대사에 필요한 영양은 공급되어야 하는 것이다. 왜냐하면 우리 가 잠자고 있는 동안에도 심장은 펌프질을 계속해야 하고 혈액 은 흘러가야 한다.

사람이라는 커다란 덩치는 쉬고 있는 동안에도 체온이 유지되 어야 한다. 인체를 구성하는 약 60조에 이르는 세포들은 전혀 쉬 지 않고 생명활동을 이어 나가고 있기 때문이다.

폐에서는 산소와 탄산가스의 교환이 쉴 새 없이 계속되며 콩팥 에서는 노폐물을 계속 걸러내고 있다. 약 140억 개에 이르는 뇌 신경 세포에서는 신체의 생명활동을 조직운영 하기위한 감시를 게을리하지 않고 있다. 또 내분비 기관에서는 각종 호르몬을 끊 임없이 생산하여 생리활동을 조절하고 있다. 물론 이러한 활동 에는 일정한 체온을 유지하기 위해 에너지의 방출이 필요하다.

사람이 물만 마시고 굶게 될 경우에도 이와 같은 기초대사는 필요한 것이므로 체내에서는 필요한 에너지의 공급을 위해 지방 조직을 분해하여 연소하기 시작한다. 그런데 지방을 연소시키기 위해서는 포도당과 같은 당분이 필요한데 이것들은 단식을 시작한 후에 이미 없어지기 때문에 지방의 연소가 불완전하게 이루어져 낙산이나 아세톤과 같은 중간대사물이 생성되어 혈액 속에 축적된다.

이와 같은 현상은 단식을 시작한 지 1~2일에서 6~10일까지도 지속되는 수가 있다. 이때에는 혈액의 산성화로 인한 자가 중독 증상이 생기는데 일반적으로 공복통, 구역질, 무기력감, 권태, 어지럼증 등의 병적인 증상이 일어난다. 그러나 이러한 증상들은 비교적 짧은 기간 내에 없어지고 곧 즐거운 기분으로 다시 바뀐다. 이것은 신체가 이미 새로운 환경에 순응하고 있기 때문인 것이다. 이 순응의 원리는 단식이라는 악조건하에서 우리 신체가 지방과 단백질로부터 당분을 만들어 내기 시작하여 이 당분에 의해 지방의 연소가 원활하게 되기 때문인 것이다. 단식을 시작하고 조금 지나면 신체는 곧 새로운 환경조건에 익숙하게 순응할 수 있기 때문인 것이다.

그런데 신체는 뇌의 활동과 호르몬의 분비 및 면역물질과 효소의 생산 그리고 피를 맑게 만들거나 조직세포를 재생하는 것 등에 절대적으로 없어서는 안 될 단백질을 필요로 한다.

단식기간 중에는 외부로부터 단백질 공급이 차단된 상태이므로 부득이 신체 내에 있는 자원 즉 별로 중요하지 않는 조직세포나 자연의 법칙에 의해 이미 사멸될 처지에 있는 조직세포로부터 단백질을 공급받을 체제를 강구하는 것이다.

신체가 단백질의 예비자원을 사용할 경우에 대체적으로 많이 이용되는 것은 약체화되어 있는 병약한 조직세포나 체내의 종양 및 유착 물, 수종, 노폐물 등의 폐물(毒)들이다. 이 폐물(毒)들을 이용하는 과정을 의학적으로는 "자기융해"라고 부른다.

신체대사의 격렬한 변화를 수반하는 단식은 자기융해의 과정을 촉진시키는 직접적인 자극제가 되기 때문에 인위적으로 그 조정이 가능해졌다는 것이다.

간단히 말해서 "단식요법"(자연의학중 하나)은 메스를 사용하지 않는 내장수술이며 어떠한 외과 명의도 신체에 상처를 남기지 않고 치료할 수는 없다. 또한 질병의 근원을 훌륭하게 도려내는(제독) "자연의 의술"이라고도 할 수 있다. 다만 이렇듯 훌륭한 자연의 의술인 단식도 잘못 적용하게 될 때에는 몸에 해를 끼치거나 아예 몸을 망칠 수도 있으며 심할 경우에는 돌연사의 불행까지 겪게 된다는 점에 각별히 유의해야 하므로 신중을 기해야 한다. 단, 자연의학의 일부로 시행함으로서 안전하게 체내의 독을 제거 시킬 수가 있다.

단식이 독성이 있는 의약품을 투여하거나 수술 또는 방사선 요법 등에 의하지 않고 자연스런 방법으로 병을 고칠 수 있다는 희망을 주는 데 대해서는 이견이 없을 것이다. 그러나 단식으로 아무 병이나 치유할 수 있다고 생각하는 것은 큰 잘못이다. 단식요법에 알맞은 것이 있고 단식을 해서는 안 되는 병이 있으므로 잘 알아서 선택해야 하는 것이다.

우선 단식을 해서는 안 되는 경우는 다음과 같다. 활동성 폐결핵, 바세도우씨병, 백혈병, 만성간염, 간경화증, 신경화증, 신부전증, 악성종양 등이다.

우리나라에 널리 보급되고 있는 단식법은 물만 마시는 법이다. 서독이나 미국 등과 같이 단식요법이 매우 발달한 나라에서는 주스단식요법으로써 물만 마시는 단식요법보다는 훨씬 효과적인 것만은 틀림없다고 본다.

단식 중에 인간의 육체는 연소하며 막대한 양의 축적된 찌꺼기(독)를 배출한다. 이 정화작업에 주스를 이용하면 더욱 효과적으로 촉진시킬 수 있다. 요산과 무기산의 제거가 촉진될 뿐 아니라 주스에 들어 있는 당분이 심장을 견고하게 지켜준다. 따라서 주스단식이 최고의 방법이라고 한다.

더 좋은 방법이 없을까? 물만의 단식으로도 좋은 결과를 얻었다는 사실이다. 또 주스단식은 더더욱 좋은 결과를 가져온다는 사실이다. (주스단식의 권위자 라그너버그 박사의 말)

나는 자연의학을 시행하면서 단식을 권유하는 데는 그 이유가 있다. 자연의학의 주체는 천연물질(곡물, 산약야초, 해조류, 화분, 배아, 천연생약), 씨, 열매, 잎, 줄기, 뿌리, 꽃이 원료로서 생명체가 요구하는 각종 영양소, 무기물, 미네랄이 총망라된 필자가 만든 증로차

(JRT)는 인체의 세포 수용체가 받아들이도록 특수처리함으로써 극 최소량을 복용함에도 불구하고 단식요법의 효과를 같이 할 수 있다는 점과 빠른 노폐물의 배설과 새로운 세포의 생산으로 신진대사를 촉진을 하고 유산소운동을 하고 생명활동의 중추적인 역할을 하는 정, 기, 신의 배런스를 유지함으로서 한층 더 인체의 독을 제거시킬 수 있으며 어느 단식보다 최고의 방법이 되는 것이다.

제5장 필자가 권하는 육·해·공 필수영양소

1. 海 : 스피루리나(spirulina)란?

스피루리나는 아프리카의 챠드 호수 및 멕시코의 텍스코코 호수와 같은 열대지역 알칼리성 호수의 수면에서 왕성하게 자생하는 극히 작은 조류(藻類 algae)에 속하는 미생물이다. 그 세포 속에는 다량의 클로로필과 피코시아닌이 들어있어서 태양광선을 흡수하여 탄소동화작용을 활발하게 수행하여 자라고 있다. 이러한 색소들이 들어 있어서 청남색을 띠고 있으므로 옛날부터 남 조류(blue-green algae)로 분류했었다.

스피루리나는 균형 있는 영양소로 자생하는, 영양이 풍부한 녹색의 조류(藻類 algae)에 속하는 미생물이다.

스피루리나는 단백질 65~70%, 지질 6~9%, 당질 8~14%, 식이섬유 4~8%, 미네랄 13종, 비타민류 12종, 색소 류 3종 등 완벽하게 영양소를 가지고 있다. 이 단백질도 18종 이상의 아미노산으로 구성되어 있다. 지질도 포화보다 불포화 지방산을 더욱 많이 함유하고 있다. 당질도 글리코겐, 포도당, 람 노스, 만 노스, 키실로스 등으로 되어있다. 항산화 작용을 나타내는 과산화물 분해 효소(SOD)도 100g당 11만 단위 이상을 지니고 있다. 이와 같이 스피루리나는 우리 몸에 필요하고 유익한 영양성분을 거의 다양하게 구비하고 있다.

스피루리나가 얼마나 균형 있는 영양식품 인가를 직접 체험한 교수가 있다. 미국 트리스대학 의대 휘즈 교수는 제자 50명과 함께, 다른 음식은 안 먹고 스피루리나와 물만을 섭취하면서 107일을 지냈다는 기록을 수립함으로써 스피루리나가 균형 있는 영양식품임을 증명하였다. 스피루리나 는 오래된 "식품 미생물" 열대지방의 호수 근처의 원주민들은 옛날부터 스피루리나를 걷어다가 떡처럼 빚어, 익혀 먹은 것으로 알려져 있다. 스피루리나는 광합성이 활발하여 일광 에너지, 무기염류 및 물만으로 스스로 증식할 수 있으며, 각종 영양소를 만들어 이용하고 있는 독립 영양미생물이다.

36억 년 전에 지구에 스피루리나가 생겼으며 그 후에 생긴 생물의 먹이 역할을 담당하였다. 그러므로 현재의 다양한 해양 생물들의 원조라 볼 수 있다. 뿐만 아니라 광합성 과정에서 무기질인 이산화탄소를 흡수하여 유기질인 당류를 만들면서 산소를 대기 중에 방출함으로써 산소를 필요로 하는 다양한 생물의 생존을 가능케 하였다.

스피루리나가 광합성을 강력하게 하고 있는 미생물이라는 사실도 특이한 점이지만, 한 가지 더 놀라운 것은 광합성에서 만든 단당류를 중합하여 글리코겐(glycogen)을 생합성한다는 점이다. 고등식물에서도 광합성을 하지만, 대게 전분이나 이눌린을 만들어 저장하기 때문이다. 글리코겐은 인체나 고등동물에서 만들어지는 다당류라는 점을 고려할 때, 놀라지 않을 수 없다.

스피루리나는 어떤 질병을 치료하는 의약품이 아니고 그 영양소 조성이 가장 합리적인 완전식품이다. 시판되고 있는 건강식품들 중에는 화학적으로 단일성분으로 된 것이 많이 있는데 이런 물질은 어떤 특별한 질환에 약이 될 수는 있지만 광범위하게 누구에게나 먹도록 권유하면 일종의 편식이 되어 건강을 해칠 수 있다.

곡물과 야채 등 식물성 식품은 그 영양소 조성에서 부족한 성분이 많아서 완전식품이라 할 수 없고 육류식품들은 식물성 식품에 비하여 영양소 조성이 좋기는 하지만 콜레스테롤, 또는 포화지방산 등이 많이 들어 있어서 자주 먹게 되면 이들 성분이 몸속에 축적되어 각종 생활 습관 병의 원인이 된다.

스피루리나는 단백질의 함량이 높을 뿐만이 아니라(65% 이상) 그 필수아미노산 조성이 매우 균형 잡혀 있어서 생체 이용률이 매우 높고(소화 흡수율 95% 이상) 많이 먹어도 인체에 축적될 수 있는 성분이 별로 없을 뿐만이 아니라 그 지방산 조성, 미네랄 성분이 인체의 건강증진에 이상적으로 되어 있을 뿐만이 아니라 강력한 항산화 활성물질인 베타-카로틴 등 카로티노이드 성분의 함량이 알려진 어떤 식품보다 높아서 상대적으로 완전식품이라 말할 수 있다.

따라서 스피루리나를 계속해서 먹어도 편식으로 보기 어렵다. 사실상 유전병, 외상 또는 감염성 질환을 제외한 대부분의 질환과, 면역능력 감소, 허약체질, 비만 등이 장시일 동안의 편식과 운동부족으로 생기는 일이 많은데, 편식 습성은 쉽게 고쳐지지 않는다. 편식은 어떤 특정인만의 일로 생각하기 쉬우나 사실은 아주 광범위한 사람들이 실제로 편식을 하고 있다는 것에 주목해야 한다.

스피루리나의 영양학적 특징으로 스피루리나는 녹황색 야채에 많은 베타카로틴이 풍부한 알칼리식품으로 영양이 균형 잡혀 있다.

최소량의 스피루리나 식품으로 아주 높은 영양효과를 얻을 수 있다.

스피루리나는 농축된 녹황색 야채라 할 수 있다. 녹황색 야채를 섭취하기 위하여 녹즙을 만들어 먹지만 스피루리나는 먹기 쉽고, 소화되기 쉬운 녹즙이다. 특히 녹즙에 부족한 단백질도 풍부하게 들어 있다.

2. 陸 : 맥주효모(Brewer's Dried Yeast)란?

효모가 갖는 어원은 "효소의 어머니"라는 뜻으로 효모가 효소의 재료를 가장 완벽하게 가지고 있다는 것이다. 효모는 자낭균류에 속하는 미생물의 일종을 총칭하는 말로, 식품가공 면에서 맥주, 청주 등의 알코올음료의 제조와 빵의 제조 등에 많이 이용되고 있다.

식용효모에는 맥주효모, 빵효모, 유효모 등 3가지 종류가 있는데, 이중 맥주효모가 건강보조식품의 소재로 많이 이용되고 있다. 맥주를 발효시키는 과정 중 맥주보리와 호프(Hop)를 섞어 끓인 후 여과하면 고형물은 분리되고 맑은 액즙이 남는데 여기에 맥주효모 종자 균을 넣어 발효증식 시키면 알코올(맥주)은 밑에 가라앉고 증식된 맥주효모는 위에 뜨게 된다. 이때 가라앉은 알코올을 분리하여 숙성시킨 것이 맥주이고 위에 뜬 맥주효모를 수분 9% 이하로 특수하게 건조시킨 것이 맥주 효모이다.

다른 효모와 달리 맥주효모만을 영양효모라 부르고 임상영양학적으로 이용한다.

맥주효모는 Brewer's Dried Yeast 라고 하며 일본 약국 방, 미국 및 영국 약전에 수록되어 있으며, 현대인의 불균형한 식사에서 부족 되기 쉬운 영양을 풍부하게 함유한다. 맥주효모 속에 함유된 성분으로는 비타민B 복합체, 16종의 아미노산, 식물성 단백질, RNA, DNA, Co-enzyme A, 다당류, Se, Cr 등의 미네랄이 있다.

1. 맥주효모는 50%가 넘는 양질의 단백질을 가지고 있다.
2. 천연 비타민B 제품은 주로 맥주효모에서 추출하거나 맥주 효모를 운반체(carrier)로 이용할 정도로 비타민 B군이 풍부하고 기타 비타민, 미네랄 등도 풍부하게 들어 있는 우수한 영양보급제이다. 또한 흰쌀밥을 주식으로 하는 한국인에게 가장 효과적인 비타민 B군의 좋은 영양원이다.
3. 효모에는 각종 효소가 풍부히 들어 있어 생체 효소 반응을 활성화시킬 수 있다.
   건조효모는 소화효소제로 쓰여 왔으며 각종 가수분해효소가 풍부하여 소화액의 부족에서 오는 영양결함을 시정해주며, 신진대사를 촉진시킨다. 효소식품으로 알려진 현미효소보다 효소가 풍부하다.
4. 베타글루칸(beta-glucan)이라는 면역력 증강 인자가 들어있어 항암 작용을 한다.
5. 생명현상을 유지하는데 필요한 핵산이 풍부하다. 핵산은 노화방지, 세포의 신구교체, 기억물질 합성에 없어서는 안 될 물질로 노화와 더불어 보충이 필요하다. 효모에는 정어리의 7배가 넘는 핵산이 들어 있다. 그러나 핵산이 퓨린체를 생성하고, 퓨린은 요산을 유도체로 남기므로 통풍환자에게 맥주효모는 금하여야 한다.
6. 항산화작용이 강한 셀레늄, 혈당을 조절하는 혈당내성인자(GTF)의 주성분인 크롬 등 중요 미네랄이 풍부하며, 인슐린

활성의 관건이 되는 아연의 완벽한 공급원이다. 또한 칼륨이 풍부하여 세포내 액의 산 알칼리평형을 유지하여 소금섭취와 관련된 고혈압 환자에 적절하다. 맥주효모의 약 6~10%가 미네랄이고 킬레이트화 되어 있어 약 80% 이상 흡수된다. 따라서 암 예방과 방사선 치료를 받는 암 환자의 식이요법에 좋으며, 허혈성 심질환, 부정맥 등에 좋다.

7. 맥주효모의 세포벽은 장내 이용도가 높은 다량의 식이섬유소로 되어 있는데, 특히 만난(mannan)과 세포내벽의 글루칸(glucan)으로 구성되어 있다. 특히 베타글루칸은 면역기능을 향상시켜 각종 암이나 바이러스성 간염을 개선시키는 작용이 있다.

8. 판감 산(Pangamic acid)을 함유하고 있다: 판감 산은 비타민 B15로 알려져 있는데 셀레늄, 토코페롤, 비타민C, 베타카로틴에 이어 제5의 항산화제이다. 세포막과 생체막의 불포화지방산의 자동산화에 의한 과산화지질 생성을 억제, 산소가 세포막을 무사히 그리고 원활하게 투과되는 것을 돕는다.

9. Choline을 함유한다: 콜린은 신경전달물질로 아세틸콜린의 원료이며 지방간을 예방하는 영양소이다.

효모의 주요성분: 단백질(protein) 비타민B군(Vitamin B group) 미량미네랄(trace mineral) 글루칸(glucan) 만난(mannan) 지질(lipids) 키틴질(chitin)

3. 空 : 화분(Bee Pollen)

화분에는 50여 종의 항산화 성분이 함유되어 있으며 필수 아미노산과 비타민, 미네랄, 칼슘 등의 물질이 다량 함유돼 있다. 폴리페놀 성분은 체내 면역세포를 자극해 면역 체계를 향상시켜 노화를 방지하는 데 도움이 된다. 항산화 성분 중 플라포보노이드가 풍부하게 들어있어 활성산소에 대항하며 암세포가 증식하는 것을 방지해준다.

비타민A 성분은 노화 방지에 효능이 있으며 비타민B는 피부를 재생해주기도 하며 피로를 회복해주기도 하기에 직장인이나 학생들에게도 적합한 식품이 될 것이다. 특히 화분의 효능으로 '루틴' 성분은 몸에 좋지 않은 콜레스테롤 생성을 억제함으로써 혈관 안의 기름 찌꺼기 및 노폐물이 축적되는 것을 방지해 혈관 건강에 도움을 줘서 성인병 예방의 효능을 위해서도 국내산벌화분을 먹을 필요가 있다.

또 다른 화분 효능을 알 수 있는 예로, 꿀벌의 이온화수소는 암과 당뇨병, 고혈압 등의 다양한 질병을 가지고 있는 사람들에게도 도움이 될 수 있다.

4. 陸 · 海 : 오메가-6 및 오메가-3 불포화지방산

인간의 영양과 관련하여 많은 주목을 받아온 불포화지방산의 두 가지 기본적 범주가 오메가-6 및 오메가-3 불포화지방산이다.

오메가-6 지방산은 모든 식물성 기름에 포함되어 있다. 오메가-6 지방산은 거의 전적으로 리놀산(18:2) 및 그 유도제(誘導劑)들로부터 생성된다. 오메가-6 지방산의 일부는 유익하다.

가령 달맞이꽃과 유리지치 기름에서 발견되는 GLA(감마 리놀산, 18:3) 같은 경우이다. 오메가-3 지방산은 일부 식물에서 제한적으로 발견되며, 모든 어류와 조개류에 포함되어 있다. 예를 들어, 아마기름은 알파 리놀산(18:3)을 포함하고 있다. 생물학적 활동성 측면에서, 어류(등 푸른 생선)에 포함된 오메가-3 불포화지방산이 식물의 그것보다 5~10배 강력한 것으로 여겨지고 있다.

Vitamin B-Complex, Centrum, Chitosan, 유산균을 복용하면 더욱 좋다. 필자가 약국 50년을 하며 얻은 경험 방이다. 대사성질환은 물론 癌환자는 필수적이라 할 수 있다.

내 몸의 환경은 어떻습니까?
한번 돌이켜 보아야 합니다

제1장 내 몸 쓰레기 대청소(Clean sweep)

1. 대청소(제독)라는 게 무엇입니까?

내 몸속의 쓰레기를 버리는 것이다. 네! 쓰레기라니요? 이것이 쌓이면 내 몸의 '염증' 즉, 발열, 발적, 부종, 통증을 말하는 것이며 이 증상은 인체의 언어로서 내 몸에 쓰레기(독소)가 쌓였다는 것을 알려주는 것이지요. 이를 무시하면 모든 질병의 원인이 되는데 그것은 내 몸이 독소 쓰레기(염증)로 쌓여 산성화(낮은 pH)되는 것이다. 즉, 내 몸 면역시스템의 균형이 깨진다는 것이다. 그것의 중요 원인이 대·소장으로부터 몸의 노폐물이 밖으로 배출되지 않고 몸 안으로 재흡수 되기 때문이라는 것을 알아야 한다.

내 몸 청소(제독Detox)라는 것은 몸속으로부터 독소를 배출하거나 중화시키거나 변질시키는 것이며 잉여 점액과 울혈을 없애는 것이다. 불량한 식사, 소화불량, 장 기능 장애, 간 기능 저하, 신장 기능의 저하 등 모든 장기가 균형이 깨져 정상이 아닐 때 세포단위에 독소는 증가되고 산소는 부족하여 대사성질환을 일으키게 된다.

　세포단위에서 산소가 부족하면 박테리아나 기생충 바이러스 그리고 곰팡이균 등의 혐기성 미생물들이 빠르게 증식한다. 이 미생물(독소)들은 우리 몸의 정상세포보다 훨씬 작다. 그러므로 우리 몸의 정상세포들은 이런 미생물(독소)들로 완전히 감염이 되고 결국에는 죽거나 癌세포 형태로 변질된다. 우리가 매일 면역력의 힘으로 공격을 해야 하는 모든 독소의 폐기물(쓰레기)들을 처리하는 기능을 한번 잃어버리면(특히 간, 담낭, 신장 그리고 장) 우리 몸의 산소공급은 줄어들고 면역시스템은 붕괴되기 시작하고 몸의 산도(pH)는 점차 산성화되며 우리 몸은 기생충과 치명적 미생물의 완전한 사육장이 되는 것이다.

　이들 바이러스 박테리아 기생충 그리고 곰팡이 균들은 癌의 실제적인 촉매이며, 거의 모든 질병의 원인이 될 수 있다. 진정으로 癌과의 전쟁은 세포단위의 싸움이며 몸 안의 침입 미생물들을 청소하여 몸 안의 상태를 건강한 것으로 변화시키는 것이다.

　이것이 우리 모두에게 몸 안 청소가 필수 불가결하다는 이유다. 그럼, 청소는 어디부터 해야 될까요? 죽음은 대장에서부터 시작된다고 한다. 혈액이 독성화되는 것은 자신의 대장에 쌓여있는 장내 독성찌꺼기를 재흡수하는 것이 주원인 인 것이다. 그러므로 여러분의 대·소장기능이 정상이라면 그러한 쓰레기 물질을 재흡수하지 않는다.

그러나 99%의 사람들은 그렇지 못하다. 우리의 혈액이 이러한 독소와 독성물질로 과부하가 걸린다면 "장 누수" 현상으로 대·소장의 독소는 혈액을 타고 간으로-신장으로-방광으로 가서 드디어 림프시스템을 오염시킨다. 이러한 도미노 현상이 일어나지 않기 위해서 쓰레기를 없애는 대청소(clean sweep)를 해야 하는데 우선 대·소장청소부터 해야 한다. 다음으로 신장청소, 간·담낭청소를 하고 마지막으로 혈액청소를 해야 한다.

우리 몸은 기초대사에너지양, 소화에너지양, 활동에너지양, 치유에너지(면역력)양 네 가지의 에너지 소모 중에서 기초대사 에너지소모는 어쩔 수 없다 치더라도 소화에너지양과 활동에너지양을 절약해서 치유에너지(면역력)양을 증가시켜야 한다. 그러기 위해서는 살아있는 음식으로 절식과 소식을 하는 3D건강프로그램으로 내 몸의 쓰레기 대청소(clean sweep)를 하는 것이다.

2. 대 · 소장청소를 해야 하는 이유?

대장이 모든 장기의 어머니라는 말을 들어본 적 있습니까? 대장은 태아에게 가장 먼저 생기는 장기다. 왜 그럴까요? 가장 중요하기 때문이다. 쓰레기를 적절하게 처리할 수 없으면 생명이 시작하기 전에 멈출 것이기 때문이다. 건물을 지을 때에도 하수관부터 먼저 설치해야 하는 이유가 여기에 있다. 모든 사람에게 가장 최선의 몸 청소의 시작은 우선 장기를 비워서 조화를 맞추고 깨끗하게 하며 자극을 주는 것이다. 목표는 대·소장을 재생하고 유지하는 것이다.

그 방법은 여러 가지 있겠으나 항산화식, 증로차(JRT), 생 채식, 대·소장운동법 등 다양하다.

3. 장(대 · 소장)을 제2의 뇌라 한다.

일반적으로 뇌에서 분비된다고 알고 있는 신경전달물질인 세로토닌은 최근 미국의 신경생물학자 마이클D 거손 박사의 연구에 의하면 95%가 장에서 만들어지고 있다고 한다. 그래서 그는 장을 제2의 뇌라고까지 했다.

장에서 탄수화물이나 단백질, 지방 등 여러 가지 성분의 음식물이 동시에 들어오는데 장은 이들의 성분을 재빨리 구분해 소화 흡수에 필요한 효소의 종류와 양을 각 장기에 전달한다. 동시에 몸에 해가 되는 것이 들어오면 면역시스템에 전달해 설사를 일으켜 독소를 체외로 배출시킨다. 이렇게 민첩한 구분과 대처는 장이 스스로 판단을 내려 다른 장기나 면역시스템에 지령을 내리고 있다는 것을 의미하는 것으로 과히 장이 제2의 뇌라 불릴만한 것이다.

일본 면역학의 권위자인 니가타대학 의학부의 아보 도오루 교수에 의하면 면역력은 자율신경의 지배를 받는데 부교감신경 우위일 때 림프구가 증가하고 과립구가 감소하여 면역력이 높아지게 된다고 한다.

면역력의 척도라 할 수 있는 림프구는 부교감신경 우위에서 증가하게 되는데 몸을 따뜻하게 해주면 자율신경 중 부교감신경이 우위를 점하여 림프구가 증가하여 면역력이 높아진다. 림프구의 60~70%가 장 속에 있다는 사실로 미루어 보아 인체의 최대 면역기관이라는 말은 두말할 필요도 없을 것이다.

등이 따 수면 당연히 장도 따뜻하니 부교감신경의 작용으로 림프구는 당연히 증가하여 면역력이 좋아지게 된다. 즉 우리 몸은 최상의 컨디션을 유지하고 있는 것이다. 그래서 배부르고 등이 따 수면 천국이 따로 없다는 말은 이를 두고 한 말이다.

4. 장 누수 증후군(Leaky Gut Syndrome)?

질병치료의 새로운 패러다임으로 인체의 면역력을 유지 보수하는 데는 '장 누수 증후군'을 해결해야 한다.

장 점막의 손상이나 투과성 변화에 의해 독소(병원체, 항원, 부패물질)가 장점막 내로 유입되고 혈액을 통해 전신으로 퍼져 자가 중독증을 유발하는 신체현상을 말한다. 소장의 표면적은 아주 넓게 퍼져있어 영양분을 흡수하기에 유리하도록 되어 있으나 반대로 점막 손상을 입으면 유해물질도 그만큼 많은 양이 들어올 수 있게 된다.

건강한 장의 융모는 유익 균으로 뒤덮여 있어서 잘 분해된 영

양소를 흡수하여 각종 면역물질과 3000여 종의 효소를 만들어
낸다.

건강한 융모와 깨끗한 혈관에는 장내 독소가 들어오지 못한다.

'장 누수 증후군'으로 손상되어 틈이 생기면 세포사이로 온갖
독소들이 혈관으로 들어와 질병을 일으킨다.

원인으로는 나쁜 식사, 나쁜 생활습관, 항생제 등 다양한 약물
복용, 중금속 등 환경오염, 많은 스트레스, 면역력저하 등이 장내
유해균의 증식을 불러와 장 누수 증후군을 불러일으킨다.

5. 장 누수 증후군 증상

온몸 전신에 영향을 불러온다. 그 증상을 열거해 보면 당신은
매우 놀랄 것이다.

간: 간염, 지방간, 간경화, 고콜레스테롤증
뇌: 파킨스씨병, 치매, 두통, 불안증, 기억력감퇴, 우울증,
순환기계: 고혈압, 심근경색, 협심증, 뇌졸중, 동맥경화, 혈액순
　　　　　환장애
생식기: 방광염, 전립선염, 자궁내막염, 질염, 질칸디다증, 야뇨,
　　　　　잔뇨
호흡기: 천식, 기관지염, 폐렴, 비염, 축농증
근골격계: 관절염, 강직성 척추염, 근육통

소화기계: 만성위염, 위궤양, 복부팽만감, 과다한 가스, 구취, 복부비만, 영양실조, 과민성대장증후군, 숙변, 만성 소화불량, 변비, 설사, 저산증, 위산과다, 염증성 장 질환

피부: 아토피, 알레르기, 건선, 백선, 무좀, 비듬, 습진, 여드름, 지루성 피부염

치주: 치조농루, 치은염, 치조골손실, 치조골밀도저해

전신대사: 만성피로증후군, 갑상선질환, 면역력저하, 당뇨병, 갱년기장해

장 누수 증후군 해결 방법으로는 전신효소, 소화효소, 유산균, 프로락토올리고당, 초유를 복용한다.

장 누수로 인해 융모 세포 사이로 들어온 유해균제거, 분해되지 않은 음식물에 의한 이상발효 억제, 소화기관속 유익 균의 비중을 늘려 유해균 등의 증식 및 혈액에 유입억제, 내 몸의 독소 제거, 장내 환경개선, 장점막세포복구 등의 역할을 한다.

6. 자연치유 면역력과 면역이란?

하나님이 사람을 창조하실 때 준 '신의 선물'이라 부르는 면역과 면역력을 알아야 한다.

* 면역력이란?

내 것이 아닌 것을 알아차리는 힘, 내 것이 아닌 것을 기억하는 힘, 내 것 아닌 것으로 입은 상처를 원래 모습으로 되돌리는 힘, 건강해진 나를 유지하는 힘을 말한다.

* **면역이란?**

선천면역과 획득면역이 있다.

> <u>선천면역</u> : 인체의 언어로서 표현되는 피부/점막, 위산/눈물, 기침/
> 재채기, 구토/설사 등으로 표현되며 선천적으로 내 몸
> 에 있는 방어인자로 대식세포, 호중구, 호염기구, 호산
> 구, 림프구가 있다.
> <u>획득면역</u> : 세포성으로 T세포와 체액성면역으로 B세포가 항체로
> 작용한다.

7. 신장청소를 해야 하는 이유?

신장은 매일 혈액을 정화시키며 노폐물을 치웁니다.(수은, 납, 구리 그리고 기타 독소들) 신장이 독소로 과부화가 되면 신장과 방광에 병이 생겨 몸에서 발생하는 오줌과 노폐물을 처리할 수 없게 됩니다.

신장을 청소하는 가장 좋은 방법은 항산화식, 음양주스, 생 채식, 수박 청소법 등입니다. 마시는 물로는 항산화 차를 먹는 방법입니다.

8. 간과 담낭청소를 해야 하는 이유?

간은 매일 1000가지의 기능을 수행하고 간을 통과하는 피 한 방울까지 정화를 시킨다는 것을 생각한다면 일리가 있다고 생각하실 것이다.

과학자들이 추정하기를 간은 80%가 손상되어도 검사 상 증상이 없다는 것이다. 거기에 간은 6주마다 스스로 재생한다고 한다.

간을 청소하고 유지하는 방법은 많다. 항산화식, 인진쑥, 울금, 사과즙, 올리브유(압착 엑스트라버진), 파슬리, 케일, 기타 쓴맛의 채소, 비트, 알파파 즙을 먹는다. 마시는 물로는 항산화 차를 먹는 방법이다.

9. 혈액의 청소 필요성은?

혈액의 흐름은 우리의 "생명의 강"이다. 우리는 이 귀중한 피가 상처가 나서 눈앞에 흘러나오기 전에는 거의 1초도 피를 생각하지 않는다. 혈액의 순환개선을 위하여 우선적으로 우리가 하여야 할 일은 피가 흐르는 혈관을 청소하는 일이다.

혈액을 청소하는 여러 가지 방법이 있다. 가장 효과적인 것 중의 하나는 식간에 혹은 잠자기 전에 소화효소를 먹는 것이다. 효소가 혈액 속으로 들어간 후 몇 분지나면 혈액 속의 찌꺼기들을 청소하기 시작하며 면역세포들을 자극한다.

혈액속의 독성찌꺼기들을 제거하기 위하여 산약야초로 만든 혈액정화제를 권장한다. 이것은 癌세포가 아주 싫어한다. 癌에 좋은 산약야초들로 만든 혈액 정화제 JRT(蒸露茶), SI자연치유 센터·정암산방의 고귀한 차(茶)다.

10. 내 몸 대청소(제독)의 필요성

다음과 같은 癌을 얻는 주된 이유 네 가지로 절약하여 그 필요성을 설명하겠다.

첫째, 우리 몸 내부에서 일어나는 오염이다. 우리의 몸은 오염되고, 유해물질에 중독된다.

둘째, 영양의 결핍이다. 우리의 몸은 우리가 건강하게 살아가는데 필요한 주요 영양소들의 부족에 시달린다.

셋째, 유전적인 이유다. 이것은 체질의 취약점을 말한다.

넷째, 우리의 마음에 있다. 마음은 우리가 건강을 지키는 데 중요한 기능을 한다. 그것은 어느 정도 우리 건강에 영향을 주는 것이 사실이다. 이제 위의 네 가지 이유들에 대해 살펴보도록 하겠다. 대부분의 사람들은 우리의 몸이 매일 중독 되어가고 있다는 사실을 알지 못한다.

(1) 첫째- 몸 내부의 독소다.

자연이 준 여섯의 전문가들 중에 우리가 살아가는 데 가장 중요한 세 가지 요소를 고르라면, 우리는 역시 공기, 물, 그리고 음식을 말할 것이다.

그렇다면 간단한 질문을 하나 드리겠다. 이것들에 독소가 있나요? 대답은 불행히도 매우 명확히 '그렇다'이다. 위 세 가지는 유독성을 가지고 있다. 매년 수많은 사람들의 목숨이 유독하고 오염된 공기에 의해서 사라지고 있는 것이다. 그러면 이러한 사태에 대해 어떤 조치가 행해졌나요? 별로 없다.

공기는 우리가 삶을 유지하기 위해 필요한 첫 번째의 요소다. 물은 독성이 있나요? 우리가 매일 마시고 씻는 물이 독성물질을 갖고 있다는 것이니까요. 물에 대한 한 가지 중요한 사실은, 건강 문제 중 가장 큰 문제는 바로 수질 오염에서 비롯된다는 것이다.

우리의 몸은 70%가 수분으로 이루어져 있다. 그리고 우리는 우리의 신체 시스템을 정화하고 회복시키며, 독성 물질을 배출해내기 위해서는 물이 절대적으로 필요로 하다. 물은 우리 건강의 토대다. 토대가 잘못되면 모든 구조는 위험에 빠진다.

우리의 음식은 독성물질인가요? 믿을 수 없지만 그렇다. 우리가 먹는 음식은 독소를 가지고 있다. 이 모든 것들은 무엇을 의미할까요? 우리의 몸이 밤낮으로 공격받고 있다는 것을 의미한다. 어떤 경우에는 우리가 사는 건물, 집들에는 바깥의 공기에서 보다 수십 배 정도는 더 많은 독성물질, 오염물질이 있다고 한다.

집안의 모든 화학 성분들은 밖으로 잘 빠져나오지 못 한다. 그것들은 안에 있으면서 우리의 몸을 공격하는 것이다. 어떤 경우에는 바깥의 물질보다도 몸 내부의 독성물질로 인해서 우리의 몸이 더욱 오염된다. 저는 장 시스템 자체가 물, 공기, 음식보다도 더 많이 우리 몸을 오염시킨다고 생각한다. 저는 실제로 내부 장기 시스템이 물, 공기, 음식 속의 오염물질을 합친 것보다도 더 많이 혈액과 몸을 오염시키는 것을 보았다.

저는 지난 20여 년간 사람들에게 내 몸을 청소해야 한다고 늘 이야기 해왔다. 내 몸의 소화기관과 장을 청소해서 몸이 약알칼리성을 유지하여 면역시스템이 정상 작동하여 자기 자신을 치유하도록 만들어야 한다는 말이다.

만일 당신이 나의 몸 구조를 보고 소화기관이 입에서 항문까지 약 9m나 이어져 있다는 것을 알고 그것이 어떻게 작동하는지 안다면, 장(腸)(대·소장)이 바로 우리 몸에서 가장 중요한 부분이라는 것을 알게 된다. 이것이 우리를 먹을 수 있게 하고, 모든 조직 속의 세포들에 영양을 공급할 수 있게 해주는 것이다. 그러나 많은 사람들은 그것을 알지 못하고 소화기관에 손상을 입히고 파괴시킨다. 이것이 우리의 몸을 오염시킨다는 것을 알지 못하는 것이다.

모든 성인병의 원인 중 하나는 장 시스템의 내부 오염으로 인한 것이라고 말한다. 많은 사람들은 과학적 근거가 없다고 말했지만 저는 장 시스템이 독성 물질을 배출하고 그것은 직접적으로 생활습관 병을 일으키는 원인으로 작용한다고 계속 말했다. 가장 두려운 부분은, 이 장 시스템의 독소가 생활습관 병뿐만 아니라 두통, 피부 질환, 피로 등 많은 문제를 일으키지만 대부분의 사람들은 이 사실을 모른다는 것이다.

사람들이 피부에 문제가 생겼다고 하면 저는 그건 피부 문제가 아니라고 말한다. 머리가 아프다고 말하면 저는 그건 머리가 아니라 머릿속에 주입되는 더러운 혈액 때문이라고 말하죠. 사람들은 가끔 피곤하다면서 만성피로가 아닐까 하고 생각하죠. 나는 에너지가 부족해서 뭔가 보약을 먹어야겠어 라고 말하면서요.

그러면 저는 그게 아니라 당신은 자기의 몸 청소를 해야 된다. 그래야 몸은 그 자신의 에너지를 발생할 수 있게 되고, 그래야만 또다시 오염과 독성 물질에 대항할 수 있게 되는 것이다. 라고 대답하죠. 어쨌든 저의 요지는, 사람의 몸이 물, 음식, 공기, 혹은 내부 장기 시스템 그 어떤 것에 오염되든 간에 그것은 바로 죽음으로 연결될 수 있다는 사실이다. 몸속의 독소는 죽음 그 자체나 마찬가지다.

(2) 둘째- 영양소 부족이다.

우리의 몸은 식물과 매우 비슷해서, 식물이 적절히 영양을 얻지 못하면 죽는 것처럼 우리 몸도 마찬가지다. 충분한 영양소 공급이 중요한 것이다. 다른 방법은 없다. 우리는 환경오염과 스트레스, 패스트푸드, 정크 푸드, 통조림, 화학조미료를 사용한 음식들 속에서 살아가고 있다. 먹 피아 속에서 우리가 무슨 방법으로 충분한 양질의 영양소를 얻을 수 있을까요? 방법이 없다. 우리는 텅 빈 농작물들을 먹고 있다. 언젠가 저는 우리나라 성인의 85%가 만성 피로(疲勞)를 매일 느끼고 있다는 통계를 읽은 적이 있다. 무심코 지나가서는 안 되는 말이지요. 피로(疲勞)가 쌓이면 피곤(疲困)이 되고 이어 질병(癌)이 된다. 만일 우리가 영양소를 몸과 혈액에 공급하지 못하면, 세포와 조직, 몸, 마음, 기억, 기분, 우리 자체가 피로(疲勞)해지게 되며 산화스트레스가 쌓여 쓰레기가 된다. 바로 장 시스템이 망가지고, 먹 피아에 중독되어 영양소가 부족해서 피곤(疲困)하게 되고 급기야는 질병(癌)이 된다는 사실을 알아야만 한다.

(3) 셋째- 유전적인 것이다.

어떤 의사도 유전적인 것을 배제할 수는 없다. 우리는 약한 조직도 유전시키고 강한 조직도 유전시킨다. 그러므로 오행주류 명-식에 의한 나의 체질이 어떤 것이 약한지 알아내고 그것을 강화해야 한다.

어떤 사람들은 폐를 강화시키기 위해서 담배를 끊어야 하고,

어떤 사람들은 신경 기능이 약하고 어떤 사람들은 골격 구조가 약하죠. 그것을 찾아내고 강화시켜야 한다.

그것이 약사가 하는 멋진 일인 것이다. 그것이 제가 지금까지 해온 일이다. 약해지면 가르치고 훈련시켜서 그들의 몸을 강하게 만드는 것이다. 그 몸속에 영양소를 충분히 공급해 주어서 말이다.

(4) 넷째- '마음'에 있다.

우리의 마음속에는 많은 드라마, 많은 상처, 판단, 두려움, 고통, 성남, 부정적인 생각과 감정들이 있다. 마음이 부정적인 속에서 몸은 무너져갈 수밖에 없다.

몸은 마음과 연결되어 있다. '저 사람 때문에 배가 아프다'라는 말을 들어본 적이 있나요? 실제로 그 사람이 건드린 것도 아닌데 배가 아프다는 것은 바로 마음 때문이다. 마음으로 인식하는 것이라는 말이다. '나는 어제 걱정 때문에 잠을 못 잤어.' 이것도 마음, 인식이다. 우리는 이 부정적인 감정과 생각들을 해독시키는 법을 배워야 한다. 나는 그래서 지금까지 말했던 것들에 대한 해결책으로서 '3D건강프로그램'을 개발하였다. 이것은 제가 오랜 약사생활에서 얻은 마지막 건강프로그램으로 자연이 주는 '여섯의 전문가'(햇빛, 공기, 물, 흙, 숲, 자연먹-거리)를 이용한 SI자연치유요법이다. 즉 "3D건강프로그램" 이것은 몸을 청소해주고 도와주며, 유전적으로 취약한 조직들을 강화해주고, 스트레스와 압박으로 시달리는 마음을 진정시켜 준다. "내 몸 청소를 하는 디톡스(Detox), 내 몸 재생을 위한 디팻(Defat), 내 몸 유지를 위한 다이어트(Diet)"가 있다.

이들 모두를 실천함으로서 완전한 내 몸 청소, 정화, 강화, 재생이 된다. "3D건강프로그램"이것은 자연이 주는 여섯의 전문가를 이용해서 내 몸속의 독성 찌꺼기들을 제거하고 정화하기 위한 방법이다. 이것은 자기 스스로가 판단하여 매일 독소를 배출하도록 해주는가 하면, 어떤 사람들은 일주일에 한 번, 한 달에 한 번, 실행을 하면 된다.

3D건강프로그램으로 내 몸 청소를 하는데 있어서도 한 부분만을 청소하는 것이 아니라 온몸 전체를 걸쳐서 하는 것이다.

기억할 것은, 자연이 준 여섯의 전문가들은 두 가지 일을 한다는 것이다. 우선 완전한 몸속 청소와 독소 제거를 수행하고, 또한 몸 전체를 다시 재생시켜 다시 건강하게 만드는 것을 수행한다.

그러나 이것은 사실 의사나 약사라고 해서 할 수는 없다. 왜냐하면 자연이 인간에게 준 '신의 선물 면역력'을 유지, 강화하기위한 "항산화식"을 이용하고, 수술이나 의약품 같은 것을 사용하지 않기 때문이다. 우리 몸이 스스로 제 기능을 하도록 도와주고, 신체적 에너지, 정신적 에너지를 향상시키고, 신체 내부 개선과 재생을 하는 데 있어서 제 기능을 할 수 있도록 해주는 것이 SI자연치유요법인 것이다.

이것은 두 가지에 초점을 맞추고 있다. 내장청소와 독소제거, 내부 재생과 강화다. 우리는 이것이 누구나 건강해지고 싶다면 꼭 밟아야 할 단계라고 생각한다. 만일 우리 몸의 화학적 성질이 산성을 너무 많이 띠면 그것을 약 알칼리화 하기 위해 내 몸을 청소해야 하고, 밸런스를 맞추기 위해 산성을 알칼리 레벨로 올려야만 한다.

이럴 때 몸이 하는 일이 무엇인가? 자연의 일부인 우리 몸은 참으로 놀랍다. 치료하는 능력과 그 치료를 위한 방법을 찾는 능력을 갖고 있다. 이러한 우리의 몸은 몸의 화학적 밸런스를 좀 더 알칼리성으로 띠게 하기 위해서 칼슘을 뼈로부터 걸러낸다.

인간의 체액이 pH7.4 이상으로 떨어지게 되면 인간의 목숨은 위태로워진다. 이것은 내 몸에 쓰레기가 쌓인다는 말이죠. 쓰레기가 쌓여 우리의 몸이 과잉 산성화되지 않기 위해 알칼리성을 띠려고 과잉 보상(뼈에서 칼슘을 뽑아내서)을 하는 것, 이것이 바로 각종 질병(암)을 일으키게 되는 것이다.

나는 오늘날의 가정에 굉장히 중요한 주제에 대해서 하나 말하려고 한다. 나는 지난 20여 년간 내 몸 청소 SI자연치유요법으로 클린징과 독소 제거의 중요성에 관해 가르치려고 노력해왔다. 그리고 나는 사람들의 몸이 정말로 많이 파괴되어 있는 것을 보아왔다. 만약에 20년, 30년, 40년이 넘게 우리가 부엌에 있는 쓰레기를 안 버린다고 생각해 보세요.

사실 우리는 매일 쓰레기를 버리지 않는다. 우리 몸속의 쓰레기들, 독소들을 매일 제거하지 못하는 것이다. 그리고 그것은 독성을 띠고 질병이 되는 것이다. 우리는 우리 몸을 정화시켜야 한다. 우리의 소화기 체계, 장체계, 그리고 모든 세포와 조직, 혈액을 깨끗하게 만들어야 한다. 그렇게 되면 우리는 건강해질 수 있다.

SI자연치유요법의 철학은 네 마디로 요약될 수 있다. "내 몸의 독소를 제거하는 것, 영양 레벨을 높이는 것, 유전적으로 약한 조직들을 강화시키는 것, 스트레스, 두려움, 분노 등을 없애는 것이다."

오늘날 우리가 몸을 위해 할 수 있는 것은 무엇일까요? 그리고 우리가 우리 몸을 돌보지 못하면 어떻게 될까요? 그럼 어떻게 살까요? 당신이 정말로 건강해지길 바란다면 3D요법인 SI자연치유요법을 실천하고 생활화하는 것이 삶의 즐거움이요, 건강한 삶으로 가는 지름길인 것이다.

인간의 모든 병은 '장 누수'(LGS=Leaky Gut Syndrome)에서 시작된다고 현대의학은 말하고 있다. 장(腸)의 독소인 유해 가스와 요독성분(크레아틴, 요산, 요소질소)을 소장이 흡수해 독소가 섞인 혈액이 혈관을 타고 간으로 넘어가게 되는데, 이 모든 독소를 해독하기가 상당히 힘들어지면서 간 기능은 서서히 저하되기 시작한다.

이 과정은 다음 장기인 폐, 심장, 모세혈관의 세포들에게 퍼져나가 서서히 기능을 저하시킨다. 혈액은 모든 기관과 장기를 중심으로 순환하지만 혈액의 독은 간(肝)이 해독해야만 한다. 간(肝)

이 많은 유해 독소를 해독하지 못하면 폐, 심장, 모세혈관으로 유해독소와 탁한 혈액이 그대로 전달되고, 이런 상태에 이르면 우리 몸을 이루고 있는 세포는 서서히 고사되고 퇴화되어 살지도 죽지도 못하는 "세포자멸사"(휴면세포, 노화세포)로 그 자리에 고착되어 버리는 것이다. 그것이 피부에 나타나면 기미, 주근깨(저승꽃) 등으로 보여 지게 된다. 혈액이 산성화되면 노후 된 세포가 스트레스를 받아 영양분을 먹고도 소화시키지 못하는 소화불량 세포가 되어버린다. 그러면 각 기관과 장기 쪽으로 가는 노폐물과 어혈 때문에 장기의 기능이 떨어진다. 장기에 유입된 독소나 산 성분은 신장 다음의 장기인 간장과 폐로 넘어가 기능을 떨어뜨린다. 특히 간장에서는 혈액의 독소를 한 번 더 해독한 다음 폐로 간 혈액의 노폐물을 2차로 걸러준 다음 다시 혈액은 심장으로 들어가 심장의 충분한 운동을 거쳐 온몸을 돌고 다시 신장으로 유입된 혈액은 정맥을 통해서 심장으로 재흡수 되어 돌아온다.

혈액이 우리 몸을 한 바퀴 도는 시간은 고작 1분(심장은 1분에 5L의 혈액을 돌린다.) 밖에 안 걸린다. 독소와 함께 들어와 혈액이 온몸을 도는 악순환을 계속하는 동안 세포들은 산소저하로 인해 서서히 휴면세포(노화세포)가 된다.

간장은 몸에 들어온 음식물 중에 섞인 독소를 해독하기도 힘든데 여기에 신장에서 걸러주지 못한 유해독소까지 해독을 하자니 간(肝) 본래의 기능인 해독력, 정화력이 떨어질 수밖에 없다. 혈액은 이때부터 더욱 탁하고 끈적끈적해져서 몸속에서 돌고 있는 혈액의 산소를 고갈시키고 세포는 치명적인 해를 입게 된다. 또한 세포 본래의 기능을 잃고 돌연변이를 만들고 각종 근종이나 癌을 유발하기도 한다. 이렇게 장기의 기능이 떨어지면 안팎에서 세균이 침입해 저항력이 약해진 백혈구를 공격하기 시작하고, 이때 혈관이 막힌 곳에 쓰레기(어혈)가 60% 이상 쌓이면 그 부위에 통증이 생기고 각종 질병이 나타난다. 이런 악순환을 반복하면 만성피로, 비만, 고혈압, 저혈압, 당뇨, 관절염, 협심증, 부정맥 각종 심장병 등의 심각한 위험이 노출된다. 이 모든 것이 내 몸 쓰레기로 인한 대사성 '순환기병'이다.

11. 癌치료 4단계

(1) 대청소: 생물학적 시스템의 해독(장기간소요)

유기물 공해와 함께 따라오는 중금속은 우리 체내에서 누적된다. 좋은 영양소의 만성적 결핍 결과와 독성물질들의 과부하로 인하여 생물학적 시스템 내에서 변화를 발생시키고 면역시스템에 영향을 주어 세포 돌연변이를 증가시키고 때때로 癌이 그 결과로 나타난다.

비정상세포 및 늙고 건강하지 않은 세포들을 파괴하는데 주 기능을 하는 세포자멸사(apoptosis-예정된 세포의 자멸)는 억압되어가고 癌세포들은 점검되지 않은 상태로 자라게 된다. 이것이 癌이 시작되는 그림이다.

(2) 생활습관의 변화: 생리학적 환경을 바꿈

이 단계는 가장 시간이 오래 걸리고 가장 어렵다. 환자의 내부 생리학적 시스템을 癌세포가 싫어하고 불편한 상태로 만드는 것이다. 즉 癌세포가 싫어하는 것들로 적정한 영양의 공급, (비타민, 미네랄, 약초, 항산화제 등), 癌 치료의 절대적으로 가져야 할 마음의 확고한 정신적, 영적, 감정적, 그리고 심리적인 면이 확고해야 된다. 또한 핵심은 "나는 바보처럼 살았다"라고 마음을 비우고, 긍정적인 생각과 희망의 복원 즉, 내가 마음먹기 나름이다.

(3) 식생활의 변화: 면역시스템의 재건, 자극(면역조절)

식생활습관의 변화다. 만약에 癌이 체내에서 발견되었다는 것은 정의에 의하면 면역시스템이 손상을 받았다는 것을 기억하는 것이 중요하다. 그러므로 면역시스템을 복구하여 癌에 대하여 우리 몸 스스로 자연적으로 접근 처리할 수 있는 선까지 상향 조절하는 데는 '섭생 요양법'(regimen) 즉 자연의 여섯 전문가 햇빛, 공기, 물, 흙, 숲, 먹-거리에 의존하는 것이 필수적이다.

(4) 생체항상성: 대청소상태의 유지

전에 손상되어 정상적 기능을 수행하지 못했던 면역시스템을 수선하여 재가동된 상태에서 癌에 대한 특별한 방법을 찾는데 사용한다. 종종 癌 환자들은 종전의 습관으로 되돌아가서 그들의 癌치료방법의 중요한 점을 실행하지 않는다. 그래서 癌은 재발한다. 앞의 여러 단계를 거쳐 일어난 변화는 지속되어야한다. 그렇지 않으면 癌은 되돌아온다.

12. 마음만 먹으면 癌치유는 쉽게 된다.

인체 생물학의 기본은 "충분한 산소와 음이온" 이다. 라고 저는 외칩니다. 그러나 대부분의 癌환자들은 이를 무시하고 외면한다. 정말 안타까운 일이지요!! "피는 곧 너의 생명이다" 인간을 창조하신 하나님의 말씀이다. 그 이유를 설명해 보겠다.

"창세기 2장 7절에 하나님이 사람을 땅의 흙으로 만들고 그 코에 생기를 불어 넣었다"고 되어 있다. 그 생기가 곧 공기(運氣, 大氣, 靈魂)를 의미한다. 나는 하나님이 인간을 만들 때 사용한 흙 속에 모든 원소가 들어갔다. (우리 몸은 탄소C, 수소H, 산소O, 질소N 4가지 원소와 미네랄 50가지로 총 54종의 원소로 구성되었다. 여기에는 효소와 미네랄, 음이온 성분)

세포는 생물학적인 면에서 보면 하나님은 우리 인체를 신비롭게 창조했다. 우리 심장의 펌프작용은 정맥과 동맥 그리고 모세혈관을 통하여 몸 안의 모든 세포에게 피를 돌게 한다. 우리 신체가 국가이고 각각의 세포가 국민이며 오장육부 명문삼초가 통치자와 정치인이라고 생각해 보십시오!

국가가 튼튼하려면 국민들은 각종의 직업을 가지고 적정한 영양을 섭취하고 통치자와 정치인은 국민들의 행복한 의식주를 위해 외부로부터의 침입을 보호해야 한다.

국가의 주체는 국민이며, 우리 신체의 주체는 각각의 세포이듯이 그 모든 60조 개의 세포는 건강을 위하여 필요하다. 흥미로운 것은 혈액(피)세포를 제외하고는 모든 세포가 핵을 가지고 있다는 것이다.

癌이 세포를 혐기성으로 만드는 것이 아니다, 정상세포를 변이시키는 단 한 가지 원인은 세포가 혐기성 호흡 상태에 적응하는 것 이것이 산소호흡에 의존하는 정상세포를 癌세포로 변하게 하는 것이다.

건강한 세포는 호기성이다. 즉, 세포들은 충분한 산소(산속)가 있어야 적정한 기능을 발휘한다. 건강한 세포는 산소와 포도당을 태워서 에너지(ATP)를 생산한다. 이 과정을 호기성 신진대사, 크랩스싸이클이라하며 세포기관 미토콘드리아 안에서 이루어진다.

에너지(ATP)의 생산은 우리 몸의 60조 개의 세포들 각각은 매초마다 ATP 분자 1200만 개를 생산한다. 에너지(ATP)의 생산은 모든 인간세포의 핵심적 기능이다. 이것이 없다면 세포의 재생과 단백질, 효소, 호르몬, 그리고 신경전달물질의 합성은 일어날 수 없다.

또한 수소에서 분리된 "음이온(깊은 산속, 바위, 계곡, 물)"도 놀랄만한 양의 에너지(ATP)를 생산하는데 필요한 에너지의 근원이다. 일단 에너지(ATP)가 생산되면 우리 몸은 세포의 활동을 위하여 에너지가 필요할 때까지 미토콘드리아의 골기(Golgi)체에 저장한다.

에너지를 만드는 과정에서 부산물로서 이산화탄소가 발생한다. 다음에 그 이산화탄소는 헤모글로빈(적혈구세포의 단백질 색소체)으로부터 산소를 빼앗는 기능을 한다.

그리고 그 산소는 에너지(ATP)를 더 생산하는데 태워지고 따라서 더 많은 이산화탄소가 생긴다. 그것은 또한 헤모글로빈으로부터 산소를 빼낸다. 영구적으로 반복되는 신비한 현상이다.

에너지를 생산하는 과정은 미토콘드리아 내에서 이루어진다. 세포들은 산소를 이용하는 호기성(유산소) 호흡과정을 통하여 에너지(ATP)를 만든다.

그러나 혈액이 산소를 운반하는 능력이 억제되거나 혈액 속에 산소가 부족할 경우에는 이산화탄소가 감소되면서 세포가 혈액으로부터 산소를 흡수하는 것을 억제한다.

또는 에너지(ATP)를 생산하는 미토콘드리아의 능력에 손상을 주어 대사 기능이 붕괴된다. 세포들은 에너지가 없어지고 우리의 몸은 심각한 상태에 놓인다.

세포가 숨쉬기에 충분한 산소가 없을 때 세포는 생존을 하기 위하여 혐기성(무산소)호흡으로 바뀐다.

학자(David Gregg)들 말에 의하면 "癌이 정상세포를 혐기성호흡으로 만들지 않는다. 그보다는 세포가 혐기성호흡을 할 수밖에 없는 환경에 적응하는 것 그것이 호기성호흡에 의존하는 정상세포를 癌세포로 변화시키는 유일한 원인이다."라고 했다.

혐기성호흡은 극단적으로 비효율적이다. 그리고 체내에 심각한 독소들을 만든다. 왜냐하면 혐기성세포들은 대사를 시키는 포도당으로부터 에너지(ATP)를 생산하기 위하여 호기성세포들보다 더 힘들게 일을 해야 하기 때문이다.

실제로 호기성호흡은 한 개의 포도당으로부터 36개의에너지(ATP)를 만들어 내는데 혐기성호흡은 겨우 두 개의 에너지(ATP)를 만들어 낸다. 그래서 혐기성호흡은 가용한 에너지(ATP)의 18분의 1만 생산해내는 것이다. 따라서 계산을 해보면 癌세포가 정상세포처럼 에너지(ATP)를 얻기 위해서는 18배의 포도당이 필요한 것이다.

왜 "癌은 설탕을 좋아해"하는 말을 듣는지 이해가 되시죠? 걱정하지 않아도 된다. 癌세포가 정상세포보다 에너지 생산을 위한 18배의 당분을 실제로 사용하지는 않는다. 왜냐하면 건강한 세포들은 산소와 포도당으로 신진대사를 하여 에너지(ATP)를 생산하고 이산화탄소를 배출한다. 그러나 癌세포는 혐기성호흡을 하기 때문에 이산화탄소를 발생시키지 못하기 때문이다.

우리 몸을 이루는 60조 개의 세포들은 수명주기를 갖는다. 유일하게 신경세포만큼은 일생동안 존속하며 수명주기가 없기 때문에 한번 손상을 입으면 재생이 안 된다. 반면 다른 모든 세포들의 수명주기는 평균 57일이며 백혈구는 수명주기가 2일, 적혈구는 100일로서 다양한 수명주기를 갖고 있다.

세포들이 손상을 받았을 때에 너무 일찍 사망할 수 있기 때문에 신체조직의 적정한 기능 발휘를 위하여 죽은 세포들은 끊임없이 교체된다. 이러한 세포의 교체는 유사분열이라고 알려진 기본적 세포분화 즉 한 개의 세포가 두 개의 작은 딸세포로 나누어지는 과정을 통하여 끊임없이 발생한다.

항상 상당한 양의 세포분열이 계속 이루어져도 우리 몸 안의 세포가 실제 총 60조 개를 유지하는 것은 여러분의 몸이 균형을 유지하기 위하여 세포분열을 통하여 만들어진 모든 새로운 세포의 숫자만큼 다른 세포들은 죽어야 한다.

수명세포의 사망은 세포자멸사라는 과정이다. 놀랍게도 세포자멸사를 통하여 1년에 평균 자기체중의 절반이 없어진다. 세포자멸사 과정이 무너지는 것은 癌이나 AIDS 등 몇 가지 질병들이며 癌의 경우 정상적인 세포자멸사 과정이 억제되어 종양이 커지는 것은 정상적으로 죽어야 할 세포들이 무한대로 살기 때문이다.

제2장 활성산소와 항산화 작용

1. 생체적 산화치료(Oxidative theraphy)의 기본이론

癌·당뇨에 걸리면 오래 산다? 왜? 자연의학과 현대의학치료의 주요 차이점을 살펴보면 알 수 있다.

현대의학(수술, 항암, 방사선)치료를 받은 후에 많은 사람들이 자연의학치료를 찾는 것이 현실이다. 자연의학치료를 찾아왔을 때는 이미 말기 癌상태의 처참한 사람들이 마지막으로 자연의학치료를 찾는 것이 모든 癌환자들의 공통점이다.

좋은 소식은 당신이 癌환자라면 자연의학치료에 희망이 있다는 것이다. 진정한 희망이지요, 거짓이 아니고 부정직하지도 않다.

의사가 수술이나 항암 그리고 방사선을 해야 한다고 당신에게 설명하는 것은 의사들이 학교에서 과학적으로 검증된 의학만 인정하도록 배워왔기 때문이라는 것을 기억해야 한다.

그들의 근본적인 논리는 민간의료인 자연의학으로 癌치료가 효과적이라는 과학적 근거가 없다는 것이다. 그리고 이러한 치료법에 해로움이 없다 하여도 현대의학의 효과적인 癌치료를 지연시킨다는 것이다. 자연의학의 癌치료에는 왜 공식적인 과학적 증거가 없을까요? 의료사업과 제약사 그리고 보험사들이 매년 수십, 수백억 원의 광고를 해대는 바람에 여러분은 오직 병원에서 수술, 항암, 방사선에 의한 癌 치료에 익숙해 있기 때문이다. 그리고 자연의학은 특허가 없고 비용이 저렴하기 때문에 또 癌산업에 단 한 푼의 이익도 없기 때문에 상대적으로 모호한 것이다.

　성공적인 자연의학의 癌치료는 癌세포들만 목표로 하고 건강한 세포들에는 해가 없도록 하는 것이다. 이것이 자연의학과 현대의학 癌치료 간의 핵심적인 차이다. 아주 커다란 차이가 아니지 않습니까? 여러분은 만약 癌을 치료하는 의사가 癌에 걸렸다면 항암치료를 받을 거라 생각하십니까? 그 결과는 여러분을 흥분시킬 것이다.

　자연의학의 癌치료는 몸을 깨끗하게 정화시키고 그리고 자연이 주는 여섯의 전문가 햇빛, 공기, 물, 흙, 숲, 먹-거리 등으로 자연적인 면역시스템을 자극하는 데 초점을 맞춘다.

　자연의학은 면역시스템적인 질병으로 그 뿌리를 치유하는 데 초점을 맞추고 현대의학은 단순한 증상에 지나지 않는 종양을 치료하는 데 초점을 맞추고 있다.

만약 내가 癌에 걸렸다면 자연의학은 꼭 사용해볼 만한 방법이다. 효과가 있는지 보증할 수 있겠습니까? 죄송하게도 '보증할 수 없다'이다. 그러나 당신이 전이된 癌환자라면 당신은 이미 병원으로부터 사망선고를 받은 것이다. 사망선고를 받았다 해도 癌치유를 위해서는 부정적인 마음을 긍정적으로, 오감을 열고, 마음의 탯줄을 끊고, '내가 마음먹기 나름이다'가 답이다.

현대의학인 병원치료로는 시간벌기는 할 수 있어도 치유할 수 있는 확률이 제로인 것이다. 특별한 경우를 제외하고는 일반적으로 말해 병원치료를 거부하고 자연의학을 하는 것은 무리다.

만약 당신이 집에서 이 방법을 해야겠다고 결심하시면 병원에서 정규적인 검사를 꼭 받아야 한다. 치료가 진행되면서 癌이 사라지는 것을 확인하기 위하여 필요하다.

자연의학의 주체는 충분한 산소와 음이온을 얻기 위해서는 여섯의 전문가 햇빛, 공기, 물, 흙, 숲, 먹거리를 찾아 도움을 받아야 한다.

우리 몸은 음식 없이 몇 주 동안 살 수 있다. 물 없이는 며칠, 그러나 산소 없이는 겨우 몇 분간 생존할 수 있다.

우리 몸은 대부분 물이며 물은 90% 이상이 산소다. 우리 신체의 각각의 세포들은 쉴 새 없이 산소를 필요로 하며 이 산소가 에너지 생산과 독소물질의 해독, 세포구조 성분 생산과정의 화학반응을 가능하게 한다.

癌을 비롯한 퇴행성질병은 세포 내의 산소 부족으로 발생한다.

그 주요원인은 체내 세포의 정상적인 세포호흡이 무산소호흡으로 변환하는 데 있다. 세포로 부터 산소를 빼앗는 어떤 물질이든지 그것은 발암 물질이 된다.

세포가 활용할 산소의 정상농도가 일단 40% 이하로 떨어지면 세포는 에너지를 생산하기 위하여 발효라고 하는 내 몸의 스위치를 켠다. 그러면 세포는 저산소증 때문에 성장인자(IGF라고 함)를 자체적으로 자극하여 세포분열에 대한 통제를 잃는다고 한다.

"생체적 산화"를 간단히 말하면 산소와 그 어떤 물질과의 사이에 상호작용이라 할 수 있다. "호흡으로 산소를 마시는 것은 산화의 과정이다. 산화가 발생하지 않는 생명체는 없다." 우리의 몸은 외부로부터 1차 방어를 하기 위하여 산화를 이용한다.

신체를 청소하기 위하여 산화의 원리를 이용할 때 그것을 생체 "산화치료(Oxidative therapy)"라고 한다. 대부분의 체내에서 생화학적 반응은 '산화환원redox(reduction oxidation), 매커니즘을 통하여 균형을 잡는다.

산화 환원이라 함은 어떤 물질이 균형을 유지하기 위하여 전자를 얻을 때를 환원 이라 하고 전자를 잃을 때를 산화라고 한다. 예를 들면 산화는 쇠가 녹스는 것(느린 산화) 또는 화재(빠른 산화)를 말한다.

"생체산화치료"의 기본이론은 간단하다. 물 H_2O는 산성H^+과 알칼리성OH^-로서 수소이온은 양자와 전자로 음이온을 발생하여 산화작용을 한다. 이해가 가십니까? 꼭 알아야 한다.

　재삼 강조하지만 "충분한 산소와 음이온"은 숲이 우거진 산속에서 만들어지며 癌치료의 기본이론으로서 매우 중요하다.

　인체의 산소 시스템이 약하거나 결함이 있게 되면 즉, 운동부족이나, 불량한 음식(가공식품), 환경공해, 흡연, 음주, 또는 잘못된 호흡, 잘못된 식습관 등으로 인하여 몸이 독소(쓰레기)를 충분히 제거(청소)할 수 없게 된다.

　신체가 癌(질병)과 싸우고 독소(쓰레기)를 제거하기 위해 충분한 산소와 음이온이 절대적으로 필요하며 그 결과 강력한 면역시스템을 구축하고 전반적인 면역반응을 높여 준다는 것이다. 즉, 자연의 여섯 전문가 (햇빛, 공기, 물, 흙, 숲, 먹-거리)를 이용하는 "SI자연치유요법"의 기본이념인 것이다.

2. 癌의 주범은 활성산소

　발암의 과정을 살펴보면 그 발단은 세포와 DNA가 손상당했기 때문이라고 본다.

　DNA에 손상을 주는 원인에 활성산소가 관련된다는 것은 충분히 생각할 수 있다. 활성산소로 인해 DNA의 복구 유전자가 손상을 받아 癌 억제 유전인자가 癌 억제기능을 하지 못해 세포의 분열증식이 안 되고 그 세포는 癌 세포가 된다는 것이다.

　활성산소가 그렇게 나쁜가요? 꼭, 나쁜 것만은 아니다. 필요악이지요. 지구상 대부분의 생명체는 공기 중의 산소를 호흡하여 산화시켜 얻어지는 에너지를 이용하여 생명을 유지하는데 이런 산소가 필요한 대사과정에서 불가피하게 세포를 파괴시키는 독성물질들이 부산물로 만들어지는데 이것을 활성산소라고 한다.

활성산소는 생체조직을 공격하여 세포를 산화 손상시키는 주범이며 유해산소라고도 한다. 한편 병원체나 이물질을 제거하기 위한 생체방어 과정에서도 O_2(초과산화이온), H_2O_2(과산화수소), OH(하이드록시래디칼), $^1O_2$(씽글랫트옥시젠) 네 가지의 유리기(Free Radical)와 같은 활성산소가 대량 발생하며 이들의 강한 살균작용을 통해서 병원체로부터 인체를 보호하는 작용을 한다.

활성산소는 세포나 세포소기관(미토콘드리아)에 손상을 초래하기도 하며 생체 내 여러 단백질의 아미노산을 산화시켜 단백질의 기능 저하를 초래한다. 핵산에도 손상을 주는데 핵산 염기의 유리, 결합의 절단, 당의 산화 분해 등을 초래하여 돌연변이나 癌의 원인이 되기도 한다. 모든 질환 중 약 90% 정도가 활성산소와 관련이 있다고 알려져 있는데 그중에 대표적인 것으로 癌, 동맥경화, 당뇨병, 뇌졸중, 심근경색, 간염, 신장염, 위염, 노화, 아토피성 피부염 등이 있다. 대도시의 주된 대기오염물질인 질소 산화물은 헤모글로빈을 자동 산화시키고 자동차 배기가스는 직접 혹은 간접으로 활성산소를 생성시켜 호흡기질환을 초래하는 것으로 알려져 있다.

태양광선의 자외선, 진단용 방사선 및 초음파, 수돗물 살균의 목적으로 사용되는 염소 및 오존, 중금속으로 크롬, 철, 코발트, 니켈, 등도 활성산소를 생성하며 건축자재 석면, 고엽제인 다이옥신, 공업용탈지제, 세정제인 클로르에탄, 마취제 할로탄 등도 활성산소를 생성하는 독작용을 초래하는 것으로 알려져 있다.

그렇지만 인간의 몸 안에서 활성산소가 피해만 주고 있는 것은 아니며 사실은 활성산소는 우리 몸에 없어서는 안 될 중요한 역할을 하고 있다. 그 주된 일의 하나가 병원체인 세균 및 바이러스와 싸우고 독성물질에 대한 해독작용을 하는 생체방어 기능이다.

우리 몸은 세균이나 바이러스에 감염되면 임파구 등의 면역체계가 작동하여 병원체를 제거하게 되는데 이러한 면역체계 가동을 돕는 세포 중에 호중구와 매크로파지가 있다. 호중구는 살균능력이 강하기 때문에 병원균을 찾으면 즉시 공격하는데 이때 무기로 사용하는 것이 활성산소이다. 때로는 이들이 활성산소를 발생시키는 장본인이기도 하다. 활성산소로 인한 피해를 줄이려면? 일단 활성산소의 생성을 최소화시켜야한다. 활성산소를 많이 만드는 흡연은 반드시 피해야 하며 공해, 자외선, 식품첨가물, 전자기파 등 각종 유해환경에 노출되는 것을 최소화해야 한다. 스트레스가 쌓이지 않도록 적절히 해소시켜야 하며 지나치지 않은 적당한 운동도 필요하다.

음식을 많이 섭취할수록 그만큼 많은 양의 활성산소가 만들어지므로 소식을 하는 것이 좋다. 비타민과 미네랄이 풍부하게 들어있는 신선한 생채소와 과일 같은 천연항산화제를 많이 섭취하는 것도 한 방법이다. 그러나 癌과 같은 질병을 앓고 있는 환자는 체내의 항산화능력이 떨어지므로 강력한 천연항산화제인 항산화식을 섭취하면 좋다.

* 활성산소란 무엇인가?

일반적으로 "산소"는 동물이나 인간의 조직과 세포가 활동하는 데에 꼭 필요한 것이지만 "활성산소"라는 것은 호흡을 통해 거두어들이는 산소와는 전혀 다른 것이다. 화학구조 상으로 산소와 약간 다른 "활성형의 산소"라는 것은 어떤 물질과도 반응하기 쉬운 화학물질이며 세균이나 곰팡이 또는 이물과 반응하여 결합해서 이를 파괴, 살균해주는 역할을 하는 것이다 활성산소에는 O_2 (초과산화이온), H_2O_2 (과산화수소), OH (하이드록시래디칼), $^1O_2$ (씽글랫트옥시젠) 네 종류가 있으며 이들 네 종류의 활성산소 가운데 OH와 $O2$가 가장 반응이 강력하다.

* 항산화제란 무엇인가?

공기 중에 쇠가 빨갛게 녹이 스는 것은 철이 산소와 결합하여 산화철로 변하기 때문이다. 인체 내에서도 세포막이나 생체막의 성분인 지질(리놀레산)인 불포화지방산이 산소와 결합하여 과산화지질이 된다. 과산화지질은 독성이 강하고 세포를 파괴하거나 돌연변이를 일으켜 성인병 등 각종 병을 일으킨다.
산화촉진작용을 하는 활성산소의 요인을 열거하면 영양대사과정

에서 자연발생하며 자외선, X선, 방사선, 배기가스, 스모그식품, 말
린 생선, 땅콩, 버터, 치즈, 인스턴트식품, 튀김류 등의 식품과 경
구 당뇨병 약, 수면제, 콜레스테롤 저하제, 일부 항생제, 항암제 등
이 간장에서 분해될 때에 과산화지질을 발생하는데 이 부정적인
산화를 방지하는 작용이 있는 물질을 항산화제라 한다. 항산화제
로 널리 알려진 것은 비타민C, 비타민E, 비타민B, 비타민A(베타카
로틴), 셀레늄 등.

맺/는/말

빈들에 마른 풀 같이 은혜로운 **단비약국**

> 빈들에 마른풀 같이 시들은 나의 영혼 주님의 약속한 성령 간절히
> 기다리네 가물어 메마른 땅에 단비를 내리시듯 성령의 단비를 부
> 어 새 생명 주옵소서 (찬송가 183장)

이 찬송은 갈급한 심령(心靈) 속에 성령(聖靈)의 단비를 내려 주시
기를 간절히 기도하는 내용이다. 찬송을 부르는 순간 가슴이 뛰
고 벅차오른다. 그동안 癌환자를 구하고자 매달려온 10여 년의
세월 끝에 오직 하나님만이 할 수 있다는 사실을 깨달으며 하나
님의 마음이 곧 하나님의 법이요 마음의학의 뿌리라는 것을 알
게 되었다.

하나님이 "무엇으로 네가 癌을 치유하려고 하느냐?"라고 물으
신다면 나는 "이제는 알았습니다. 저는 지난 세월 너무나 교만했
습니다."라고 대답할 수밖에 없다. 자연의학과 마음의학으로 癌

을 치료하겠다는 생각으로 산속에 들어온 이후 많은 재물을 쓰고 노력을 기울였지만 결국은 눈물밖에 남는 게 없어 하늘을 원망하기만 했다. 그러던 중 하나님을 영접하고 그 은혜와 사랑을 깨닫고 나니 약사라는 짧은 지식과 의욕만 앞세워 교만을 부리던 내가 한없이 부끄럽고 창피스러워졌다. 늦게나마 다행인 것은 깊은 신앙심을 가진 산방의 한철규 집사와 동고동락하면서 하나님의 마음과 하나님의 사랑, 그리고 예수 그리스도를 믿는 믿음만이 진실하고 행복한 삶으로 가는 길이라는 사실을 알게 되었다.

그 이후 나는 하루하루가 하나님의 은혜로 충만하여 더없이 기쁘고 행복하였다. 이제 남은 인생은 영혼이 갈급한 세상 사람들에게 하나님의 말씀을 일용할 양식으로 삼아 배고픔이 없도록 하라는 하나님이 주신 사명을 감사한 마음으로 감당하고자 한다. 이 사명 완수는 바로 단비약국을 개원함으로 비롯될 수 있다. 양약, 한약, 생약, 자연요법으로 평생을 살아온 나는 하나님이 창조하신 햇빛, 공기, 물, 흙, 숲과 자연 먹거리인 씨앗, 열매, 잎, 줄기, 뿌리, 꽃으로 증로차를 비롯하여 갖가지 음식을 만들어 癌환자에게 제공하였다. 이제 이렇게 좋은 음식을 단비약국을 열어 세상 사람들에게 나누어주겠노라 나는 다짐해 본다.

기도 중에 하나님이 내게 마음을 주셨다. "너는 평생을 세상 속에서 살다보니 내가 너에게 준 재주로 대가성이 있는 약을 만들어 보수를 받는 약장사의 삶을 살아왔으니, 이제부터는 내가 만들어 주는 물과 성령으로 약을 조제하여 아픈 사람에게 주어라."
또한 가물어 메마른 땅에 단비를 내리시듯 마른풀 같이 시들은
나의 영혼에도 성령의 단비를 내려주시고, 세상 사람들의 아픔
에 나의 재주를 대가성 없이 쓰임 받도록 하라고 하나님은 명하
셨다. 아, 이것이 그토록 갈급하던 '마음의학'의 뿌리인가. 이 사
실을 깨닫는 순간 가슴이 벅차오르고 더없는 행복감을 느꼈다.

얼마 전 지구촌교회의 장로님 한 분과 식사를 하면서 하 용조
목사님이 나의 학교 후배라는 사실을 알았다. 나는 기독교 방송
을 통해 그의 설교를 들으며 존경해 오던 터라 반가운 마음 그지
없었다. 그는 온누리 교회를 개척한 목사님이기도 한데, 나의 큰
아들이 거기서 결혼식을 올렸고 나의 첫 손자의 이름을 한 누리
라 지은 바 있다.

당장 만나고 싶은 마음에 서점으로 달려가서 목사님이 쓴 책을
찾았다. 모두 일곱 권을 사서 돌아오면서 그렇게 즐거울 수 없었
다. 돌아오던 차 안에서 읽은 책이 ≪기도하면 행복해집니다≫
였다. 그는 책 속에서 나에게 이렇게 이야기하고 있었다.

"진정한 크리스천은 기도라는 생명줄을 통하여 하나님으로부
터 영적인 자양분을 공급받아야 합니다. 기도가 없다면 우리의
신앙은 햇빛, 공기, 물의 공급을 받지 못해 말라 죽는 식물과 같
습니다. 기도하세요. 하나님은 마음속에 진실이 담긴 기도를 들
으십니다.

그런 기도는 하나님과 우리를 연결하는 생명줄입니다. 기도의

대상은 오직 한 분 하나님뿐입니다. 이것이 하나님을 향한 신앙의 모습입니다. 명심하세요. 단비약국을 열어 많은 분들께 복음을 전하고 그들이 구원받도록 기도하세요. 천국에서 제가 늘 지켜보겠습니다."

이 책 첫 페이지에 기록한 대로 '사, 감, 고, 기, 행 - 사랑합니다. 감사합니다. 고맙습니다. 기쁩니다. 그러므로 나는 행복합니다.'라는 말은 내가 자연의학을 공부하면서 癌환자에게 늘 해오던 말이다. 이것을 하루 세 번씩 반복해서 기도하면 기적이 일어난다는 믿음을 나는 가지고 있다. 그런데 그 뿌리가 하나님의 말씀이고, 이는 곧 마음의학이라는 사실을 하용조 목사님을 통해 확인할 수 있었다.

마음의학의 뿌리의 실제적 증거는 합천 해인사에 보관되어 있는 팔만대장경에서도 발견할 수 있는데, 거기에 쓰인 글자를 집약하면 마음 '심(心)'이 된다. 성경말씀도 결국은 사람의 마음으로 귀결되며 이는 곧 '심령(心靈)' 즉 믿음인 것이다.

이 책의 주제이기도 한 '癌 내가 마음먹기 나름이다.' 1%의 삶을 이겨야만 한다는 말의 핵심은 마음의학의 뿌리인 하나님의 마음, 하나님 말씀, 하나님의 뜻, 하나님의 생각을 알아야 한다는 것이다. 이를 위해서는 하나님께 쉬지 않고 기도해야 한다. 기도는 기본적으로 찬양, 고백, 감사, 간구의 네 가지로서, 대부분의 사람들은 '주시옵소서'라는 간구의 내용이 주를 이룬다.

현실에 얽매여 있으면 마음에 여유가 없고 하나님이 어떤 분인

지, 하나님의 말씀이 어떤 것인지 생각할 겨를도 없이 간구하는 기도를 하기 쉽다. 이처럼 하나님을 모른 채 기도하는 것은 잘못된 일이기에 하나님을 아는 것은 우리에게 시급하다. 하나님과 우리 사이에 가장 중요한 것은 하나님을 아는 것이다. 알지 못하고 급한 마음에 기도를 하면 엉뚱한 결과를 가져오게 된다. 따라서 지금 당장 이렇게 기도해야 한다.

"하나님. 하나님을 알기 원합니다. 하나님의 마음을 제가 알기 원합니다. 오늘 하나님께서 제가 무엇을 하기 원하시는지 알기 원합니다."

그런 후 간구를 해야 한다. 그래야 '癌, 내가 마음먹기 나름이다' 와 '1%의 삶'의 뜻을 이해할 수 있을 것이다.

지금부터 시작하자

남들이 불가능한 것이라 여기는 그 1%의 주인공은 이제는 바로 나 자신이 될 수 있다. 나는 하나님의 형상으로 만들어진 한낱 피조물에 불과하지만, 하나님의 은혜와 긍휼로서 생존 확률 1%도 안 되는 癌이나 불치병도 하나님의 성령으로 그 1%의 주인공이 될 수 있다. 아직은 늦지 않다. 지금부터 시작하자.

단비약국의 사명

> 은혜와 긍휼과 평강이 하나님 아버지와 아버지의 아들 예수 그리
> 스도께로부터 진리와 사랑 가운데서 우리와 함께 있으리라
> (요한2서 1장 3절)

- 하나님은 빛이요 사랑이시다.
- 은혜는 나의 죄를 용서하시고 구원하시는 하나님의 무조건적
  호의다. 대가 없이 베푸는 것이 은혜이다. 다만 이에는 믿음
  이 따라야 한다.
- 긍휼은 하나님께서 인간을 불쌍히 여기시는 심정이다.
- 평강은 은혜와 긍휼에 의하여 성립된 화목의 평안을 가리킨다.

참고문헌

『SIVM BASIC』 박재흥 지음, 인쇄출판토파민

『내 안에는 해피니스 폴더가 있다』 이시형 지음, 청아출판사

『더러운 장이 병을 만든다』 버나드 젠센 지음, 엄성수 옮김, 국일미디어

『병에 걸리지 않는 식사법』 슈토 히로시 지음, 이경덕 옮김, 다른세상

『선.단식조기법』 박종관 지음, 서림문화사

『장 독을 비워라』 코다 미츠오 지음, 김소운 옮김, 동도원

『물 건강법』 강형희 지음, 태웅출판사

『속전 속결 36시간 단식법』 편집부 편 지음, 서림문화사

『파이워터의 기적』 마키노신지 지음, 이준학 옮김, 한솜

『우리 몸은 거짓말하지 않는다』 이승원 지음, 김영사

『단식요법의 과학』 고다 미츠오 지음, 배성권 옮김, 미래지식

『기적의 혈액 건강법』 오카다 이코 지음, 최문련 옮김, 평단

『당신의 몸 환경은 어떻습니까』 손인춘 지음, 명상

『몸에 좋은 자연요법』 김창무 지음, 지혜의나무

『단식: 건강하게 오래 사는 법』 폴 씨 브래그 지음, 김태수, 윤승천 옮김, 건강신문사

『정암 주석성경』 박윤선 지음, 영음사

『내 몸을 살리는 면역의 힘』 아보 도오루, 오니키 유타카 지음, 이진원 옮김, 부광

『아침을 걸러도 건강하게 살 수 있다』 와타나베 쇼 지음, 이진원 옮김, 북스캔

『심혈관질환 이젠 NO』 루이스 이그나로 지음, 정헌택 옮김, 푸른솔

『내 몸 안의 독 생활습관으로 해독하기』 박경호 지음, 길벗

『만리의학』 변만리 지음, 자문각

『천일기공 (天一氣功)』 이재복 지음, 건강한 세상

『오행생식요법』 김춘식 지음, 청홍

1%의 반란

癌! 내가 마음먹기 나름이다

초판   2018년 12월 15일 발행

지은이   한정수

발행인   한철규

발행처   인쇄출판 토파민

주소   서울시 중랑구 용마산로 118길 109 1층

ISBN   978-89-88131-78-7

값 14,000원

이 도서의 국립중앙도서관 출판예정도서목록(CIP)은 서지정보유통지원시스템 홈페이지 (http://seoji.nl.go.kr)와 국가자료공동목록시스템(http://www.nl.go.kr/kolisnet)에서 이용하실 수 있습니다.(CIP제어번호: CIP2018039735)